理解への近道！

早わかり&実践 ——
新 学習指導要領
解説 小学校
家庭

編著　長澤由喜子／木村美智子／鈴木真由子／
　　　永田晴子／中村恵子

開隆堂

▶ はじめに

　2017年3月に，新しい学習指導要領が告示されました。今回の改訂では，AI（人工知能）の飛躍的進化などにより社会構造や雇用環境が劇的に変化することが予想される中で，実社会・実生活の高度な問題解決に必要な「資質・能力」の育成が大きく掲げられています。一方で，先生方の世代交代が進んでおり，これまでの教育に関わる様々な経験や知見をどのように継承していくかという課題にも対応するため，その内容も構造も，大きく様変わりした改訂となりました。

　新学習指導要領は，2018年から先行実施，そして2020年からは完全実施となります。指導にあたっては，新学習指導要領に示されている内容を読み込んで適切に理解し，その趣旨を生かした授業を展開することが必要です。

　しかし，現場の先生方におかれましては，授業研究だけでなく，さまざまなご校務があり，なかなか，学習指導要領の読み込みのためのお時間がとれないという状況があると思います。

　そこで本書は，ご多用の先生方に向けて，改訂に携わった編著者が，新学習指導要領解説のポイントを一目でわかるよう示し，なおかつ，改訂の背景などさらにわかりやすい解説も付しました。また実際の授業で役立てていただくために，学習指導要領の指導事項ごとに「考えられる実践」として題材例を掲載していることも本書の特徴です。

　本書を読み通していただくと，新しい学習指導要領での小学校家庭科の学習の全体像がつかめるようになっています。

　学習に取り組む小学生の姿や興味・関心を想い描いて，新たな学びを引き出し，生きる力が身につく授業が展開されますことを期待しています。

2017年10月　　編著者一同

もくじ

はじめに
6　本書の構成と使い方

第1部　新しい小学校家庭科

8　1　新しい学習指導要領の改訂のポイント
14　2　学習指導要領　新旧対照表

第2部　新学習指導要領を読み解く

A　家族・家庭生活

1 自分の成長と家族・家庭生活

22　㋐自分の成長を自覚し，家庭生活と家族の大切さや家庭生活が家族の協力によって営まれていることに気付く

2 家庭生活と仕事

24　㋐家庭には，家庭生活を支える仕事があり，互いに協力し分担する必要があることや生活時間の有効な使い方について理解する
26　㋑家庭の仕事の計画を考え，工夫する

3 家族や地域の人々との関わり

28　㋐(ア)家族との触れ合いや団らんの大切さについて理解する
30　　(イ)家庭生活は地域の人々との関わりで成り立っていることが分かり，地域の人々との協力が大切であることを理解する
32　㋑家族や地域の人々とのよりよい関わりについて考え，工夫する

34　**4 家族・家庭生活についての課題と実践**
36　授業展開例

B　衣食住の生活

1 食事の役割

42　㋐食事の役割が分かり，日常の食事の大切さと食事の仕方について理解する
44　㋑楽しく食べるために日常の食事の仕方を考え，工夫する

2 調理の基礎

46　㋐(ア)調理に必要な材料の分量や手順が分かり，調理計画について理解する
48　　(イ)調理に必要な用具や食器の安全で衛生的な取扱い及び加熱用調理器具の安全な取扱いについて理解し，適切に使用できる
50　　(ウ)材料に応じた洗い方，調理に適した切り方，味の付け方，盛り付け，配膳及び後片付けを理解し，適切にできる
52　　(エ)材料に適したゆで方，いため方を理解し，適切にできる
54　　(オ)伝統的な日常食である米飯及びみそ汁の調理の仕方を理解し，適切にできる
58　㋑おいしく食べるために調理計画を考え，調理の仕方を工夫する

3 栄養を考えた食事

60　㋐(ア)体に必要な栄養素の種類と主な働きについて理解する

62	㋐	(イ) 食品の栄養的な特徴が分かり，料理や食品を組み合わせてとる必要があることを理解する
64		(ウ) 献立を構成する要素が分かり，1食分の献立作成の方法について理解する
66	㋑	1食分の献立について栄養のバランスを考え，工夫する
68		調理題材例
70		授業展開例

4 衣服の着用と手入れ

74	㋐	(ア) 衣服の主な働きが分かり，季節や状況に応じた日常着の快適な着方について理解する
76		(イ) 日常着の手入れが必要であることや，ボタンの付け方及び洗濯の仕方を理解し，適切にできる
78	㋑	日常着の快適な着方や手入れの仕方を考え，工夫する

5 生活を豊かにするための布を用いた製作

82	㋐	(ア) 製作に必要な材料や手順が分かり，製作計画について理解する
84		(イ) 手縫いやミシン縫いによる目的に応じた縫い方及び用具の安全な取扱いについて理解し，適切にできる
86	㋑	生活を豊かにするために布を用いた物の製作計画を考え，製作を工夫する
88		製作題材例
90		授業展開例

6 住居の機能と安全な住まい方

94	㋐	(ア) 住まいの主な働きが分かり，季節の変化に合わせた生活の大切さや住まい方について理解する
96	㋐	(イ) 住まいの整理・整頓や清掃の仕方を理解し，適切にできる
98	㋑	季節の変化に合わせた住まい方，整理・整頓や清掃の仕方を考え，快適な住まい方を工夫する
100		授業展開例

C 消費生活・環境

1 物や金銭の使い方と買物

104	㋐	(ア) 買物の仕組みや消費者の役割が分かり，物や金銭の大切さと計画的な使い方について理解する
108	㋐	(イ) 身近な物の選び方，買い方を理解し，購入するために必要な情報の収集・整理が適切にできる
110	㋑	購入に必要な情報を活用し，身近な物の選び方，買い方を考え，工夫する

2 環境に配慮した生活

112	㋐	自分の生活と身近な環境との関わりや環境に配慮した物の使い方などについて理解する
114	㋑	環境に配慮した生活について物の使い方などを考え，工夫する
116		授業展開例
120		資料

第3部　資料

122	小学校家庭科，中学校技術・家庭科「家庭分野」の内容
124	特別の教科 道徳の学習指導要領
126	他教科との関連

本書の構成と使い方

基本ページ

本書は，学習指導要領そのものを理解する「早わかり」パートと，その学習指導要領の活動例・題材例を紹介する「実践」パートで構成されています。パッと学習指導要領の要点をつかみたいときや，授業づくりのヒントを得たいときなど，目的に応じて，使い分けができます。

■ 学習指導要領
学習指導要領の指導事項ごとに，掲載されています。独立してまとめられておりますので，どの頁からでも読み始められます。

■ キーワード
新しい学習指導要領解説の中で，具体的な学習内容や新たに加わった表現などの重要語句をまとめています。

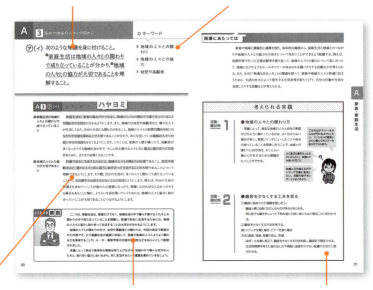

■ ハヤヨミ
学習指導要領解説を「ですます」調でやさしく記述し，特に大事な部分に，マーカー（下線）を引いています。重要箇所を際立たせると同時に，全文を読まなくても，概要がパッと頭に入るというような目的もあります。

■ よくわかる解説
学習指導要領の解説をさらにわかりやすく，かみ砕いた文章で説明しています。改訂のポイントについては，その意図や背景もわかるように補足されています。

■ 考えられる実践
それぞれの項目で考えられる活動例や題材例を紹介しています。授業づくりのヒントになります。全体の題材を通して観ると，小学校で行われる授業がイメージできます。

授業展開例

学習指導要領で特に新たに加わった内容については，見開きで授業の流れを展開しています（各内容で2例）。授業に取り入れやすいよう，指導案に近い形で記載されています。

授業研究にご活用下さい！

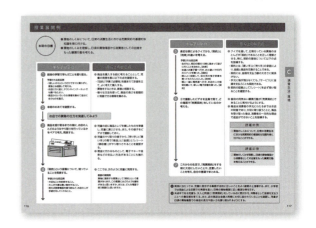

6

新しい小学校家庭科

第 1 部
The first

新しい学習指導要領の改訂のポイント

新しい学習指導要領の改訂のポイント

新しい学習指導要領では,小学校家庭科はどのように変わったのでしょうか。まずは全体の構造と,改訂のポイントについて以下にまとめました。

■ 目標と内容

教科の目標　生活の営みに係る見方・考え方を働かせ,衣食住などに関する実践的・体験的な活動を通して,生活をよりよくしようと工夫する資質・能力を次のとおり育成することを目指す。

■ 分野の目標

(1)
家族や家庭,衣食住,消費や環境などについて,日常生活に必要な基礎的な理解を図るとともに,それらに係る技能を身に付けるようにする

(2)
日常生活の中から問題を見いだして課題を設定し,様々な解決方法を考え,実践を評価・改善し,考えたことを表現するなど,課題を解決する力を養う

(3)
家庭生活を大切にする心情を育み,家族や地域の人々との関わりを考え,家族の一員として,生活をよりよくしようと工夫する実践的な態度を養う

■ 内容の構成

内容	項目	事項
A 家族・家庭生活	(1) 自分の成長と家族・家庭生活	ア 自分の成長の自覚,家族生活と家族の大切さ,家族との協力
	(2) 家庭生活と仕事	ア 家庭の仕事と生活時間 イ 家庭の仕事の計画と工夫
	(3) 家族や地域の人々との関わり	ア (ア) 家族との触れ合いや団らん 　 (イ) 地域の人々との関わり イ 家族や地域の人々との関わりの工夫
	(4) 家族・家庭生活についての課題と実践	ア 日常生活についての課題と計画,実践,評価
B 衣食住の生活	(1) 食事の役割	ア 食事の役割と食事の大切さ,日常の食事の仕方 イ 楽しく食べるための食事の仕方の工夫
	(2) 調理の基礎	ア (ア) 材料の分量や手順,調理計画 　 (イ) 調理器具や食器の安全で衛生的な取扱い,加熱用調理器具の安全な取扱い 　 (ウ) 材料に応じた洗い方,調理に適した切り方,味の付け方,盛り付け,配膳,後片付け 　 (エ) 材料に適したゆで方,いため方 　 (オ) 伝統的な日常食の米飯及びみそ汁の調理の仕方 イ おいしく食べるための調理計画及び調理の工夫
	(3) 栄養を考えた食事	ア (ア) 体に必要な栄養素の種類と働き 　 (イ) 食品の栄養的な特徴と組合せ 　 (ウ) 献立を構成する要素,献立作成 イ 1食分の献立の工夫
	(4) 衣服の着用と手入れ	ア (ア) 衣服の主な働き,日常着の快適な着方 　 (イ) 日常着の手入れ,ボタン付け及び洗濯の仕方 イ 日常着の快適な着方や手入れの工夫
	(5) 生活を豊かにするための布を用いた製作	ア (ア) 製作に必要な材料や手順,製作計画 　 (イ) 手縫いやミシン縫いによる縫い方,用具の安全な取扱い イ 生活を豊かにするための布を用いた物の製作計画及び製作の工夫
	(6) 快適な住まい方	ア (ア) 住まいの主な働き,季節の変化に合わせた生活の大切さや住まい方 　 (イ) 住まいの整理・整頓や清掃の仕方 イ 季節の変化に合わせた住まい方,整理・整頓や清掃の仕方の工夫
C 消費生活・環境	(1) 物や金銭の使い方と買物	ア (ア) 買物の仕組みや消費者の役割,物や金銭の大切さ,計画的な使い方 　 (イ) 身近な物の選び方,買い方,情報の収集・整理 イ 身近な物の選び方,買い方の工夫
	(2) 環境に配慮した生活	ア 身近な環境との関わり,物の使い方 イ 環境に配慮した物の使い方の工夫

■ 改訂の要点

1 目標の改善

これまでの目標は, 教科の目標と学年の目標に分けて示されていました。今回改訂では教科の目標として一本化され, 全体に関わる目標を「柱書」として示し, 育成を目指す資質・能力を「三つの柱」として示しています。

教科の目標は, 育成を目指す資質・能力を三つの柱により明確にしつつ, 学校教育法第30条第2項の規定等を踏まえ, (1)として「知識及び技能」を, (2)として「思考力, 判断力, 表現力等」を, (3)として「学びに向かう力, 人間性等」を示しています。

柱書の冒頭には, (1)から(3)までに示す資質・能力の育成を目指すに当たり, 質の高い深い学びを実現するために, 家庭科の特質に応じた物事を捉える視点や考え方として「生活の営みに係る見方・考え方」を働かせることについて示しています。

● 家庭科における学習方法の特質として, 実践的・体験的な学習活動の充実を図る考え方はこれまでと変わっていません。家族や家庭, 衣食住, 消費や環境などに関する実践的・体験的な活動を通して, 具体的な学習を展開することにより, 「基礎的・基本的な知識及び技能」を確実に身に付けるとともに, 知識及び技能を活用して, 身近な生活の課題を解決したり, 家庭や地域での実践を行ったりすることができるようにすることを目指しています。

● (1)の目標は, 「何を理解しているか, 何ができるか」として, 家族や家庭, 衣食住, 消費や環境などに関する内容を取り上げ, 日常生活に必要な基礎的な理解を図るとともに, それらに係る技能を身に付け, 生活における自立の基礎を培うことについて示しています。改訂では, これまでの知識の習得が「理解」として示されています。

● (2)の目標は, 「理解していること, できることをどう使うか」として, 課題解決的な学習過程(例えば, 生活の課題発見→解決方法の検討と計画→課題解決に向けた実践活動→実践活動の評価・改善)を通して, 習得した「知識及び技能」を活用し, 「思考力, 判断力, 表現力等」を育成することにより, 課題を解決する力を養うことについて示しています。目標の中に学習過程が明示されたことが, 今回改訂による大きな変更点になっています。

● (3)の目標は, 「どのように社会・世界と関わり, よりよい人生を送るか」として, (1)及び(2)で身に付けた資質・能力を活用し, 家庭生活を大切にする心情を育むとともに, 家族や地域の人々と関わり, 家庭生活をよりよくしようと工夫する実践的な態度を養うことについて示しています。家庭生活を大切にする心情を育むこと, 実践的な態度を養うことはこれまでと変わっていません。改訂では, 新たに地域の人々との関わりが示されています。

2 内容の改善

● 内容構成の改善

今回の改訂では,小・中・高等学校の内容の系統性を明確にし,各内容の接続が見えるように,小・中学校においては,従前のA,B,C,Dの四つの内容を「A家族・家庭生活」,「B衣食住の生活」,「C消費生活・環境」の三つの内容としています。A,B,Cのそれぞれの内容は,生活の営みに係る見方・考え方に示した主な視点が共通しています。

また,これらの三つの内容は,空間軸と時間軸の視点から学校段階別に学習対象を整理しています。小学校における空間軸の視点は,主に自己と家庭,時間軸の視点は,現在及びこれまでの生活です。

さらに,資質・能力を育成する学習過程を踏まえ,各項目は,原則として「知識及び技能」の習得と,「思考力,判断力,表現力等」の育成に関する二つの指導事項ア,イで構成しています。

● 履修についての改善

内容の「A家族・家庭生活」の(1)のアについては,第4学年までの学習を踏まえ,2学年間の学習の見通しをもたせるためのガイダンスとして,第5学年の最初に履修させるとともに,生活の営みに係る見方・考え方について触れ,「A家族・家庭生活」,「B衣食住の生活」,「C消費生活・環境」の学習と関連させて扱うこととしています。また,内容の「A家族・家庭生活」の(4)については,実践的な活動を家庭や地域などで行うことができるよう配慮し,2学年間で一つ又は二つの課題を設定して履修させることとしています。

● 社会の変化への対応

・家族・家庭生活に関する内容の充実

少子高齢社会の進展に対応して,家族や地域の人々とよりよく関わる力を育成するために,「A家族・家庭生活」においては,幼児又は低学年の児童,高齢者など異なる世代の人々との関わりに関する内容を新設しています。

・食育の推進に関する内容の充実

生活や学習の基盤となる食育を一層推進するために,「B衣食住の生活」の食生活に関する内容を中学校との系統性を図り,食事の役割,調理の基礎,栄養を考えた食事で構成し,基礎的・基本的な知識及び技能を確実に習得できるようにしています。

・日本の生活文化に関する内容の充実

グローバル化に対応して,日本の生活文化の大切さに気付くことができるようにするために,「B衣食住の生活」においては,和食の基本となるだしの役割や季節に合わせた着方や住まい方など,日本の伝統的な生活について扱うこととしています。

・自立した消費者の育成に関する内容の充実

持続可能な社会の構築などに対応して,自立した消費者を育成するために,「C消費生活・環境」においては,中学校との系統性を図り,「買物の仕組みや消費者の役割」に関する内容を新設するとともに,他の内容と関連を図り,消費生活や環境に配慮した生活の仕方に関する内容の改善を図っています。

● 基礎的・基本的な知識及び技能の確実な定着を図るための内容の充実

　生活の科学的な理解を深め，生活の自立の基礎を培う基礎的・基本的な知識及び技能の習得を図るために，実践的・体験的な活動を一層重視するとともに，調理及び製作においては，一部の題材を指定することとしています。

● 知識及び技能を実生活で活用するための内容の充実

　習得した知識及び技能などを実生活で活用するために，Aの内容に「家族・家庭生活についての課題と実践」を新設し，B，Cの内容と関連を図って一つ又は二つの課題を設定し，実践的な活動を家庭や地域などで行うなど，内容の改善を図っています。

● 生活の営みに係る見方・考え方」と関連を図るための内容の充実

　「A家族・家庭生活」の（1）「自分の成長と家族・家庭生活」のアで触れる「生活の営みに係る見方・考え方」における協力，健康・快適・安全及び持続可能な社会の構築等の視点と関連を図るため，「B衣食住の生活」及び「C消費生活・環境」における「働きや役割」に関する内容の改善を図っています。

○ 項目ごとの指導事項の構成については，育成する資質・能力を三つの柱に沿って示すことが基本となりますが，「学びに向かう力，人間性等」については，題材を通して育成を図るという観点から教科目標においてまとめて示すこととしています。

○ 題材の指定は平成24年度の学習指導要領実施状況調査の結果を踏まえています。調理題材については，児童の生活経験が乏しく，日常生活の中で青菜を扱う機会が限られていることから，ゆでる材料として青菜が指定されています。また，製作題材については，縫いしろやゆとりなどに関する理解が十分ではなく，キット教材利用の影響が考えられることから，日常生活で使用する物を入れる袋が指定されています。

○ Aの（4）「家族・家庭生活についての課題と実践」については，Aの（2）又は（3）を軸として，「B衣食住の生活」や「C消費生活・環境」と関連を図り，家庭や地域で実践することが求められていますから，学校行事として行われている地域の幼児・高齢者や低学年児童との交流会などの機会を上手に利用することなども考えられます。

○ Aの（1）のアでの「生活の営みに係る見方・考え方」への気付きをBやCにおける「役割や働き」と関連させるために，「住まいの主な働き」と「消費者の役割」が内容として新設されています。住生活の内容の示し方の順番がこれまでと違っているのは，季節の変化に合わせた住まい方と「住まいの主な働き」を関連させて扱うためです。

新しい学習指導要領の改訂のポイント

■ 小学校家庭にかかわる見方・考え方

● 今回改訂による小学校家庭科及び中学校技術・家庭科＜家庭分野＞の目標では，教科で育成を目指す資質・能力に係る三つの柱を示すにあたり，柱書の冒頭に「生活の営みに係る見方・考え方を働かせ」と示しています。「生活の営みに係る見方・考え方」とは，家庭科の特質に応じた物事を捉える視点や考え方を指しており，目標を実現するために，この考え方を拠り所として学習を進めることとされています。

● 「生活の営みに係る見方・考え方」については，「家族や家庭，衣食住，消費や環境などに係る生活事象を，協力・協働，健康・快適・安全，生活文化の継承・創造，持続可能な社会の構築等の視点で捉え，よりよい生活を営むために工夫すること」としています。例えば，家族・家庭生活では主として「協力・協働」，衣食住の生活では主として「健康・快適・安全」や「生活文化の継承・創造」，消費生活・環境では主として「持続可能な社会の構築」を考察の視点とするとしています。なお，小学校においては，「協力・協働」については「家族や地域の人々との協力」，「生活文化の継承・創造」については「生活文化の大切さに気付くこと」を視点として扱うこととしています。

● 今回の改訂では，小・中・高の内容の系統性を明確にするため，小・中学校では共通に「A家族・家庭生活」「B衣食住の生活」「C消費生活・環境」の3つの内容とし，ABCのそれぞれの内容は，「生活の営みに係る見方・考え方」に示される主な視点が共通する枠組みとなっています。これらの視点は相互に関わり合うもので，児童・生徒の発達段階等により，題材ごとにいずれの視点を重視するかを適切に定める必要があるとしています。(図1参照)

図1 「生活の営みに係る見方・考え方」における内容と視点の重点の置き方

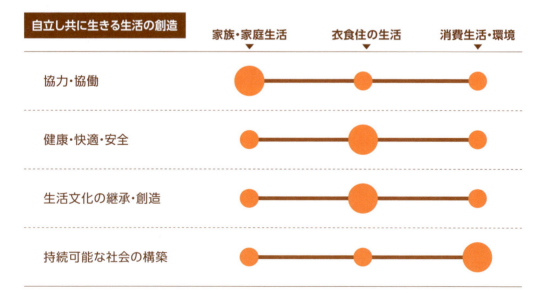

※ 主として捉える見方や考え方については，大きい丸で示している。取上げる内容や題材構成等により，どのような見方や考え方を重視するかは異なる。

● 「生活の営みに係る見方・考え方」の扱いについては，小・中学校ともに「A家族・家庭生活」(1)のアにおいて扱うことになっています。小学校家庭科の内容の取扱いでは，「(1)のアについては，AからCまでの各内容の学習と関連を図り，日常生活における様々な問題について，家族や地域の人々との協力，健康・快適・安全，持続可能な社会の構築等を視点として考え，解決に向けて工夫することが大切であることに気付かせるようにすること」としています。中学校家庭分野においても同様の取扱いが示されており，各内容の導入的な学習の中で，児童・生徒にAの(1)のアを思い起こさせて，内容に対応した視点を意識化させることが求められています。

● 「生活の営みに係る見方・考え方」は，質の高い深い学びを実現するために重要であるとしています。「見方・考え方」と深い学びとの関連については，改訂学習指導要領総則の第1章第3の1の(1)「主体的・対話的で深い学びの実現に向けた授業改善」における以下の記述が参考になります。

　　　第1の3の(1)から(3)までに示すこと(※育成する資質・能力の三本柱)が偏りなく実現されるよう，単元や題材など内容や時間のまとまりを見通しながら，児童の主体的・対話的で深い学びの実現に向けた授業改善を行うこと。

　　　特に，各教科等において身に付けた知識及び技能を活用したり，思考力，判断力，表現力等や学びに向かう力，人間性等を発揮させたりして，学習の対象となる物事を捉え思考することにより，各教科等の特質に応じた物事を捉える視点や考え方(以下「見方・考え方」という。)が鍛えられていくことに留意し，児童が各教科等の特質に応じた見方・考え方を働かせながら，知識を相互に関連付けてより深く理解したり，情報を精査して考えを形成したり，問題を見いだして解決策を考えたり，思いや考えを基に創造したりすることに向かう過程を重視した学習の充実を図ること。

● 上記の記述では，下線部に「見方・考え方」が重ねて示されています。前半では，「見方・考え方」を支えているのは，各教科等の学習で身に付けた資質・能力の三つの柱であり，思考や探求に必要な道具や手段として資質・能力の三つの柱が活用・発揮され，その過程で「見方・考え方」がより豊かで確かなものになっていくことを「鍛えられていく」という言葉で表しています。後半は，中教審答申に示された「深い学び」の実現に向けた授業改善の視点と同じであり，授業改善の取り組みを活性化するために必要なものとして「見方・考え方」を示しています。

● 「見方・考え方」は，各教科等における本質的な学びの中核をなし，教科等における学びと社会をつなぐものであり，児童・生徒が学習や人生において「見方・考え方」を自在に働かせることができるように，「見方・考え方」を鍛えながら，教科の体系的な学びの充実を図ることが求められています。家庭科の体系的な学びを通して鍛えられていく「生活の営みに係る見方・考え方」は，児童が成長して大人になって生活していく上で大切な働きをする汎用的な能力の基盤をなすと考えられます。

● 家庭科の体系的な学びを充実させるためには，「生活の営みに係る見方・考え方」における各視点を軸とした知識を，概念化に向けてどのように児童・生徒に意識化させるかが重要となります。児童一人一人が未来社会の担い手となることができるよう，「生活の営みに係る見方・考え方」を鍛えるための効果的な学びが求められています。

学習指導要領　新旧対照表

学習指導要領　新旧対照表

ここでは新しい学習指導要領で加わった内容や，変更点について，新旧対照の形で一覧できるようにしました。「備考」では，新設事項や改訂の理由について記しています。

現　行	改 定 後	備　考
〔家庭〕 第1 目標 衣食住などに関する実践的・体験的な活動を通して，日常生活に必要な基礎的・基本的な知識及び技能を身に付けるとともに，家庭生活を大切にする心情をはぐくみ，家族の一員として生活をよりよくしようとする実践的な態度を育てる。	〔家庭〕 第1 目標 <u>生活の営みに係る見方・考え方を働かせ</u>，衣食住などに関する実践的・体験的な活動を通して，<u>生活をよりよくしようと工夫する資質・能力を次のとおり育成することを目指す。</u>	・「生活の営みに係る見方・考え方」に示される視点は，家庭科で扱うすべての内容に共通し，相互に関わり合うことから，取上げる内容や題材構成等によって，いずれの視点を重視するのかを適切に定める。小学校では，「協力・協働」は「家族や地域の人々との協力」，「生活文化の継承・創造」は「生活文化の大切さに気付くこと」を視点として扱う。 ・資質・能力の3つの柱として，(1)「知識及び技能」，(2)「思考力，判断力，表現力等」，(3)「学びに向かう力，人間性等」を示している。
第2 各学年の目標及び内容 第5学年及び第6学年 1 目標 (1) 衣食住や家族の生活などに関する実践的・体験的な活動を通して，自分の成長を自覚するとともに，家庭生活への関心を高め，その大切さに気付くようにする。	(1) 家族や家庭，<u>衣食住，消費や環境などについ</u>て，<u>日常生活に必要な基礎的な理解を図る</u>とともに，<u>それらに係る技能</u>を身に付けるようにする。	・(1)：「理解を図る」は，家庭科で習得する知識が，個別の事実的な知識だけではなく，既存の知識や生活経験と結び付けられて学習内容の本質を深く理解するための概念として習得され，家庭や地域などで活用されることを意図している。技能についても同様。(答申参照のこと)
(2) 日常生活に必要な基礎的・基本的な知識及び技能を身に付け，身近な生活に活用できるようにする。	(2) <u>日常生活の中から問題を見いだして課題を設定し，様々な解決方法を考え，実践を評価・改善し，考えたことを表現するなど，課題を解決する力を養う。</u>	・(2)：生活課題を解決するための一連の学習過程を示している。
(3) 自分と家族などとのかかわりを考えて実践する喜びを味わい，家庭生活をよりよくしようとする実践的な態度を育てる。	(3) <u>家庭生活を大切にする心情を育み，家族や地域の人々との関わりを考え，家族の一員として，生活をよりよくしようと工夫する実践的な</u>態度を養う。	・(3)：目標にまとめて示され，指導事項には含まれていない。
2 内容 A 家庭生活と家族	第2 各学年の内容 第5学年及び第6学年 1 内容 <u>A 家族・家庭生活</u>	・小・中学校の内容の系統性を明確にするため，共通の内容に変更。現行「家庭生活と家族」が「家族・家庭生活」に変更。
	<u>次の(1)から(4)までの項目について，課題をもって，家族や地域の人々と協力し，よりよい家庭生活に向けて考え，工夫する活動を通して，次の事項を身に付けることができるよう指導する。</u>	・現行「次の事項を指導する」の記述が各項目ではなく，各内容の前に書かれている。ここでは，内容Aの見方・考え方として「協力」が挙げられている。この視点を踏まえて，(1)～(4)で学習する基礎的・基本的な知識を活用し，「思考力・判断・表現力等」が身に付くよう指導することが求められている。

14

現　行	改定後	備　考
(1) 自分の成長と家族について，次の事項を指導する。	(1) 自分の成長と家族・家庭生活	・(1)：「現行「〜について，次の事項を指導する」が削除（以下同様）。現行「家族」に「家庭生活」が追加。
ア 自分の成長を自覚することを通して，家庭生活と家族の大切さに気付くこと。	ア 自分の成長を自覚し，家庭生活と家族の大切さや家庭生活が家族の協力によって営まれていることに気付くこと。	・(1)ア：内容Aの見方・考え方である「協力」の視点となる，「家庭生活が家族の協力によって営まれていること」が追加。
(2) 家庭生活と仕事について，次の事項を指導する。	(2) 家庭生活と仕事	・アでは，知識は「理解すること・分かること・気付くこと」，技能は「できること」として示されている（以下同様）。
ア 家庭には自分や家族の生活を支える仕事があることが分かり，自分の分担する仕事ができること。	ア 家庭には，家庭生活を支える仕事があり，互いに協力し分担する必要があることや生活時間の有効な使い方について理解すること。	・(2)ア：現行「自分や家族の生活」が「家庭生活」に変更。家庭の仕事の分担について「互いに協力し」及び分担する「必要があること」が理解することとして追加。
イ 生活時間の有効な使い方を工夫し，家族に協力すること。		
	イ 家庭の仕事の計画を考え，工夫すること。	・イでは，「思考力・判断力・表現力等」を育成するために，問題解決的な学習として，何について，どのような事を考え，工夫して実践するのかが示されている。 ・(2)では，家庭の仕事について，課題を設定し，計画を立て，問題解決的な学習を行うことが求められている。 ・アは知識・技能，イは工夫を示す。
(3) 家族や近隣の人々とのかかわりについて，次の事項を指導する。	(3) 家族や地域の人々との関わり	・(3)：現行「近隣」が「地域」，現行「かかわり」が「関わり」に変更。
	ア 次のような知識を身に付けること。	・アで取り扱う知識・技能が2つ以上の内容事項となる場合には，「ア次のような〜」の後に(ア)として示されている。
ア 家族との触れ合いや団らんを楽しくする工夫をすること。	(ア) 家族との触れ合いや団らんの大切さについて理解すること。	・(3)ア(ア)：家族との触れ合いや団らんについて「大切さ」を理解することが追加。
イ 近隣の人々とのかかわりを考え，自分の家庭生活を工夫すること。	(イ) 家庭生活は地域の人々との関わりで成り立っていることが分かり，地域の人々との協力が大切であることを理解すること。	・(3)ア(イ)：現行「近隣」が「地域」に変更。また，「家庭生活は地域の人々との関わりで成り立っていること」が分かること，「地域の人々との協力が大切であること」を理解することが追加。
(新設)	イ 家族や地域の人々とのよりよい関わりについて考え，工夫すること。	・(3)では，家族や地域の人々との関わりについて，「よりよい関わり」を考えた問題解決的な学習を行うことが求められている。
	(4) 家族・家庭生活についての課題と実践	・(4)：中学校の「生活の課題と実践」に繋がる学習として，小学校においても「家族・家庭生活についての課題と実践」を新設。
	ア 日常生活の中から問題を見いだして課題を設定し，よりよい生活を考え，計画を立てて実践できること。	・ア：家庭科で学習したことを基に，児童に身近な日常生活の中から，課題を設定し，問題解決的な学習を行う。その際，計画，実践，評価，改善という一連の学習活動を重視しながら，学習を行うことが求められている。

15

学習指導要領　新旧対照表

現　行	改　定　後	備　考
B 日常の食事と調理の基礎	**B 衣食住の生活** 次の(1)から(6)までの項目について，課題をもって，健康・快適・安全で豊かな食生活，衣生活，住生活に向けて考え，工夫する活動を通して，次の事項を身に付けることができるよう指導する。	
(1)食事の役割について，次の事項を指導する。 　ア 食事の役割を知り，日常の食事の大切さに気付くこと。 　イ 楽しく食事をするための工夫をすること。	(1)食事の役割 　ア 食事の役割が分かり，日常の食事の大切さと<u>食事の仕方について理解</u>すること。 　イ 楽しく食べるために<u>日常の食事の仕方を考え</u>，工夫すること。	・(1)ア：「食事の仕方」を明記。 ・イで楽しく食べるための工夫をするために，アで「日常の食事の仕方について理解」し，イで具体的に「日常の食事の仕方を考える」。
<u>(3)</u>調理の基礎について，次の事項を指導する。 　ア 調理に関心をもち，必要な材料の分量や手順を考えて，調理計画を立てること。 　オ 調理に必要な用具や食器の安全で衛生的な取扱い及びこんろの安全な取扱いができること。 　イ 材料の洗い方，切り方，味の付け方，盛り付け，配膳及び後片付けが適切にできること。 　ウ ゆでたり，いためたりして調理ができること。 　エ 米飯及びみそ汁の調理ができること。	<u>(2)</u>調理の基礎 　ア 次のような知識及び技能を身に付けること。 　　(ア)調理に必要な材料の分量や手順が分かり，調理計画について<u>理解すること。</u> 　　(イ)調理に必要な用具や食器の安全で衛生的な取扱い及び<u>加熱用調理器具</u>の安全な取扱いについて理解し，<u>適切に使用</u>できること。 　　(ウ)<u>材料に応じた洗い方，調理に適した切り方</u>，味の付け方，盛り付け，配膳及び後片付けを理解し，適切にできること。 　　(エ)<u>材料に適したゆで方，いため方</u>を理解し，適切にできること。 　　(オ)<u>伝統的な日常食である</u>米飯及びみそ汁の調理の仕方を理解し，適切にできること。 　<u>イ おいしく食べるために調理計画を考え，調理の仕方を工夫すること。</u>	・「(2)調理の基礎」と「(3)栄養を考えた食事」の項目順を変更。 ・知識は「～理解すること。」，技能は「適切に～できること。」と表記 ・(2)ア(イ)：現行「こんろ」から「加熱用調理器具」へ変更。 ・(2)ア(ウ)：「材料に応じた洗い方」，「調理に適した切り方」と目的を明記。 ・(2)ア(エ)：「材料に適したゆで方，いため方」と目的を明記。 ・(2)ア(オ)：「伝統的な日常食である米飯及びみそ汁」と，伝統的な日常食を強調。 ・工夫としてイを新設。「おいしく食べるために～調理の仕方を工夫する」。
<u>(2)</u>栄養を考えた食事について，次の事項を指導する。 　ア 体に必要な栄養素の種類と働きについて知ること。 　イ 食品の栄養的な特徴を知り，食品を組み合わせてとる必要があることが分かること。 　ウ 1食分の献立を考えること。	<u>(3)</u>栄養を考えた食事 　ア 次のような知識を身に付けること。 　　(ア)体に必要な栄養素の種類と<u>主な働き</u>について理解すること。 　　(イ)食品の栄養的な特徴が分かり，<u>料理や食品を組み合わせて</u>とる必要があることを理解すること。 　　<u>(ウ)献立を構成する要素が分かり，1食分の献立作成の方法について理解すること。</u> 　イ 1食分の献立について<u>栄養のバランス</u>を考え，工夫すること。	・(3)ア(ア)：「主な働き」と明記。 ・(3)ア(イ)：「料理や食品を組み合わせて」と追記。 ・(3)ア(ウ)：新設。イで1食分の献立を考え工夫するために，「献立を構成する要素が分かり，1食分の献立作成の方法について理解する」。 ・(3)イ：「栄養のバランスを考え」と明記
C 快適な衣服と住まい (1)衣服の着用と手入れについて，次の事項を指導する。 　ア 衣服の働きが分かり，衣服に関心をもって日常着の快適な着方を工夫できること。	(4)衣服の選択と手入れ 　ア 次のような知識及び技能を身に付けること。 　　(ア)衣服の<u>主な</u>働きが分かり，<u>季節や状況に応じた</u>日常着の快適な着方について理解すること。	・(4)ア(ア)：主として日常着の保健衛生上及び生活活動上の働きを扱い，衣服の働きが相互に関連しあって，季節や状況に応じた快適な着方につながっていることを理解する。

現　行	改定後	備　考
イ 日常着の手入れが必要であることが分かり，ボタン付けや洗濯ができること。	（イ）日常着の手入れが必要であることや，ボタンの付け方及び洗濯の仕方を理解し，適切にできること。	・(4)ア(イ)：現行C(1)イ「〜分かり，できること」を「〜を理解し，適切にできること」のように変更。
	イ 日常着の快適な着方や手入れの仕方を考え，工夫すること。	・(4)イ：(4)アで身に付けた知識及び技能を活用し，日常着の快適な着方や手入れに係る課題を解決できるように工夫する。
(3)生活に役立つ物の製作について，次の事項を指導する。	(5)生活を豊かにするための布を用いた製作	・(5)：現行C(3)で「生活に役立つ物の製作」として扱ってきた布を用いた製作を，「生活を豊かにするための布を用いた製作」としたことが大きな変更点。小学校と中学校の項目表記を統一し，学習の継続性が重視されている。内容の取扱いに記載されているように，日常生活で使用する物を入れる袋などの製作を扱うことがポイント。
	ア 次のような知識及び技能を身に付けること。 （ア）製作に必要な材料や手順が分かり，製作計画について理解すること。	・(5)ア(ア)：新設。
イ 手縫いや，ミシンを用いた直線縫いにより目的に応じた縫い方を考えて製作し，活用できること。 ウ 製作に必要な用具の安全な取扱いができること。 ア 布を用いて製作する物を考え，形などを工夫し，製作計画を立てること。	（イ）手縫いやミシン縫いによる目的に応じた縫い方及び用具の安全な取扱いについて理解し，適切にできること。 イ 生活を豊かにするために布を用いた物の製作計画を考え，製作を工夫すること。	・(5)ア(イ)：現行(3)イとウを合一し，ミシンを用いた直線縫いを「ミシン縫い」に変更。 ・(5)イ：製作に係る課題を解決するために，アで身に付けた知識及び技能を活用し，製作を工夫する。
(2)快適な住まい方について，次の事項を指導する。	(6)快適な住まい方 ア 次のような知識及び技能を身に付けること。	
イ 季節の変化に合わせた生活の大切さが分かり，快適な住まい方を工夫できること。 ア 住まい方に関心をもって，整理・整頓や清掃の仕方が分かり工夫できること。	（ア）住まいの主な働きが分かり，季節の変化に合わせた生活の大切さや住まい方について理解すること。 （イ）住まいの整理・整頓や清掃の仕方を理解し，適切にできること。 イ 季節の変化に合わせた住まい方，整理・整頓や清掃の仕方を考え，快適な住まい方を工夫すること。	・(6)ア(ア)：中学校の「住居の基本的な機能」の一部を「住まいの主な働き」として新たに扱う。 ・知識及び技能を「理解すること」「適切にできること」として統一的に表記。 ・指導事項イとして問題解決的な学習を通して「思考力，判断力，表現力等」の育成を図る。
D 身近な消費生活と環境	C 消費生活・環境	
	次の(1)及び(2)の項目について，課題をもって，持続可能な社会の構築に向けて身近な消費生活と環境を考え，工夫する活動を通して，次の事項を身に付けることができるよう指導する。	・小学校では物（商品）を店舗で購入し現金で支払うことを想定し，中学校の物資・サービスを無店舗で購入し，クレジットで支払う学習につなげる。
(1)物や金銭の使い方と買物について，次の事項を指導する。	(1)物や金銭の使い方と買物 ア 次のような知識及び技能を身に付けること。	
ア 物や金銭の大切さに気付き，計画的な使い方を考えること。	（ア）買物のしくみや消費者の役割が分かり，物や金銭の大切さと計画的な使い方について理解すること。	・(1)ア(ア)：「買い物のしくみ」「消費者の役割」を新設。基礎的事項を扱い，中学校の「売買契約の仕組み」「消費者の基本的な権利と責任」との系統性を図る。「金銭の計画的な使い方」は中学校に新設された「計画的な金銭管理」との系統性を図る。
イ 身近な物の選び方，買い方を考え，適切に購入できること。	（イ）身近な物の選び方，買い方を理解し，購入するために必要な情報の収集・整理が適切にできること。	・(1)ア(イ)とイ：「情報の収集・整理」の技能及び活用力は，中学校の学習につなげる。

17

学習指導要領　新旧対照表

現　行	改　定　後	備　考
	イ 購入に必要な情報を活用し，身近な物の選び方，買い方を考え，工夫すること。	
(2)環境に配慮した生活の工夫について，次の事項を指導する。 　ア 自分の生活と身近な環境とのかかわりに気付き，物の使い方などを工夫できること。	(2)環境に配慮した生活 　ア 自分の生活と身近な環境との関わりや環境に配慮した物の使い方などについて理解すること。 　イ 環境に配慮した生活について物の使い方などを考え，工夫すること。	・(2)ア：生活が環境に与える影響については，具体的な児童の生活場面を扱う。
（新設）	2 内容の取扱い (1)内容の「A家族・家庭生活」については，次のとおり取り扱うこと。 　ア (1)のアについては，AからCまでの各内容の学習と関連を図り，日常生活における様々な問題について，家族や地域の人々との協力，健康・快適・安全，持続可能な社会の構築等を視点として考え，解決に向けて工夫することが大切であることに気付かせるようにすること。 　イ (2)のイについては，内容の「B衣食住の生活」と関連を図り，衣食住に関わる仕事を具体的に実践できるよう配慮すること。 　ウ (3)については，幼児又は低学年の児童や高齢者など異なる世代の人々との関わりについても扱うこと。また，イについては，他教科等における学習との関連を図るよう配慮すること。	・(1)：「A家族・家庭生活」に関する内容の取扱いが新設。 ・ア：(1)アではAに係る見方・考え方だけではなく，家庭科全体の見方・考え方である「協力，健康・快適・安全，持続可能な社会の構築等」の視点に気付かせながら，ガイダンス的な学習を行うことが求められている。 ・イ：(2)イでは，「B衣食住の生活」の学習内容と関連を図りながら，家庭の仕事の計画を考えて具体的な工夫を実践できるようにすることが求められている。 ・ウ：地域の人々との関わりの学習の中で，児童の身近な，幼児や低学年の児童との関わりや高齢者との関わりについても取り扱うことが求められている。また，イの学習活動では，他教科等の学習と関連を図ることが求められている。
第3 指導計画の作成と内容の取扱い 2 第2の内容の取扱いについては，次の事項に配慮するものとする。 (1) 「B日常の食事と調理の基礎」については，次のとおり取り扱うこと。 　イ (3)のエについては，米飯やみそ汁が我が国の伝統的な日常食であることにも触れること。 　ア (2)のア及びイについては，五大栄養素と食品の体内での主な働きを中心に扱うこと。 　ウ 食に関する指導については，家庭科の特質に応じて，食育の充実に資するよう配慮すること。 (2) 「C快適な衣服と住まい」の(2)のイについては，主として暑さ・寒さ，通風・換気及び採光を取り上げること。 (3) 「D身近な消費生活と環境」については，次のとおり取り扱うこと。 　ア (1)のイについては，「A家庭生活と家族」の(3)，「B日常の食事と調理の基礎」の(3)並	(2)内容の「B衣食住の生活」については，次のとおり取り扱うこと。 　ア 日本の伝統的な生活についても扱い，生活文化に気付くことができるよう配慮すること。 　イ (2)のアの(エ)については，ゆでる材料として青菜やじゃがいもなどを扱うこと。(オ)については，和食の基本となるだしの役割についても触れること。 　ウ (3)のアの(ア)については，五大栄養素と食品の体内での主な働きを中心に扱うこと。(ウ)については，献立を構成する要素として主食，主菜，副菜について扱うこと。 　エ 食に関する指導については，家庭科の特質に応じて，食育の充実に資するよう配慮すること。また，第4学年までの食に関する学習との関連を図ること。 　オ (5)については，日常生活で使用する物を入れる袋などの製作を扱うこと。 　カ (6)のアの(ア)については，主として暑さ・寒さ，通風・換気，採光，及び音を取り上げること。暑さ・寒さについては，(4)のアの(ア)の日常着の快適な着方と関連を図ること。 (3)内容の「C消費生活・環境」については，次のとおり取り扱うこと。 　ア (1)については，内容の「A家族・家庭生活」の(3)，「B衣食住の生活」の(2)，(5)及び	・イ：新設。「ゆでる材料として青菜やじゃがいもなど」と題材指定。「だしの役割についても触れること。」を新設 ・ウ：「献立を構成する要素として主食，主菜，副菜について扱うこと。」を新設。 ・エ：「第4学年までの食に関する学習との関連を図ること。」を明記。 ・オ：(5)については，袋などの製作を扱うことが指定された。 ・カ：季節の変化に合わせた住まい方において扱う内容として「音」を追加。暑さ・寒さについては，日常着の快適な着方と関連を図ることが求められている。

現　行	改定後	備　考
びに「C快適な衣服と住まい」の(2)及び(3)で扱う用具や実習材料などの身近な物を取り上げること。	(6)で扱う用具や実習材料などの身近な物を取り上げること。 イ(1)のアの(ア)については，売買契約の基礎について触れること。	・イ：「買い物の仕組み」については中学校の「売買契約の仕組み」につなげるための基礎的事項を扱うこと。
イ(2)については，「B日常の食事と調理の基礎」又は「C快適な衣服と住まい」との関連を図り，実践的に学習できるようにすること。	ウ(2)については，内容の「B衣食住の生活」との関連を図り，実践的に学習できるようにすること。	
第3 指導計画の作成と内容の取扱い 1　指導計画の作成に当たっては，次の事項に配慮するものとする。	**第3 指導計画の作成と内容の取扱い** 1　指導計画の作成に当たっては，次の事項に配慮するものとする。	
（新設）	(1) 題材など内容や時間のまとまりを見通して，その中で育む資質・能力の育成に向けて，児童の主体的・対話的で深い学びの実現を図るようにすること。その際，生活の営みに係る見方・考え方を働かせ，知識を生活体験等と関連付けてより深く理解するとともに，日常生活の中から問題を見いだして様々な解決方法を考え，他者と意見交流し，実践を評価・改善して，新たな課題を見いだす学習の過程を重視すること。	
(2)　「A家庭生活と家族」の(1)のアについては，第4学年までの学習を踏まえ2学年間の学習の見通しを立てさせるために，第5学年の最初に履修させるとともに，「A家庭生活と家族」から「D身近な消費生活と環境」までの学習と関連させるようにすること。	(2) 第2の内容の「A家族・家庭生活」から「C消費生活・環境」までの各項目に配当する授業時数及び各項目の履修学年については，児童や学校，地域の実態等に応じて各学校において適切に定めること。その際，「A家族・家庭生活」の(1)のアについては，第4学年までの学習を踏まえ，2学年間の学習の見通しをもたせるために，第5学年の最初に履修させるとともに，「A家族・家庭生活」，「B衣食住の生活」，「C消費生活・環境」の学習と関連させるようにすること。	
（新設）	(3) 第2の内容の「A家族・家庭生活」の(4)については，実践的な活動を家庭や地域などで行うことができるよう配慮し，2学年間で一つ又は二つの課題を設定して履修させること。その際，「A家族・家庭生活」の(2)又は(3)「B衣食住の生活」，C消費生活・環境」で学習した内容との関連を図り，課題を設定できるようにすること。	・A(4)については，家庭科で学習した内容と関連を図りながら，事項(3)イとは別に，2学年間で1つ又は2つの課題を設定して履修することが求められている。
(3)　「B日常の食事と調理の基礎」の(3)及び「C快適な衣服と住まい」の(3) については，学習の効果を高めるため，2学年にわたって取り扱い，平易なものから段階的に学習できるよう計画すること。	(4) 第2の内容の「B衣食住の生活」の(2)及び(5)については，学習の効果を高めるため，2学年間にわたって取り扱い，平易なものから段階的に学習できるよう計画すること。	
(1)　題材の構成に当たっては，児童の実態を的確にとらえるとともに，内容相互の関連を図り，指導の効果を高めるようにすること。	(5) 題材の構成に当たっては，児童や学校，地域の実態を的確に捉えるとともに，内容相互の関連を図り，指導の効果を高めるようにすること。その際，他教科等との関連を明確にするとともに，中学校の学習を見据え，系統的に指導ができるようにすること。	・児童の実態にとどまらず，学校，地域の実態も的確に捉えることが求められている。 ・他教科との関連の明確化と中学校の学習との系統的指導が求められている
（新設）	(6) 障害のある児童などについては，学習活動を行う場合に生じる困難さに応じた指導内容や指導方法の工夫を計画的，組織的に行うこと。	・障害のある児童についての指導内容や指導方法の工夫が求められている。

学習指導要領　新旧対照表

現　行	改定後	備　考
(4)第1章総則の第1の2及び第3章道徳の第1に示す道徳教育の目標に基づき，道徳の時間などとの関連を考慮しながら，第3章道徳の第2に示す内容について，家庭科の特質に応じて適切な指導をすること。	(7)第1章総則の第1の2の(2)に示す道徳教育の目標に基づき，道徳科などとの関連を考慮しながら，第3章特別の教科道徳の第2に示す内容について，家庭科の特質に応じて適切な指導をすること。	
	2 第2の内容の取扱いについては，次の事項に配慮するものとする。	
5 各内容の指導に当たっては，衣食住など生活の中の様々な言葉を実感を伴って理解する学習活動や，自分の生活における課題を解決するために言葉や図表などを用いて生活をよりよくする方法を考えたり，説明したりするなどの学習活動が充実するよう配慮するものとする。	(1)指導に当たっては，衣食住など生活の中の様々な言葉を実感を伴って理解する学習活動や，自分の生活における課題を解決するために言葉や図表などを用いて生活をよりよくする方法を考えたり，説明したりするなどの学習活動の充実を図ること。	
（新設）	(2)指導に当たっては，コンピュータや情報通信ネットワークを積極的に活用して，実習等における情報の収集・整理や，実践結果の発表などを行うことができるように工夫すること。	・コンピュータ等を活用した学習活動の充実が求められている。
（新設）	(3)生活の自立の基礎を培う基礎的・基本的な知識及び技能を習得するために，調理や製作等の手順の根拠について考えたり，実践する喜びを味わったりするなどの実践的・体験的な活動を充実すること。	・何故そうなのかを考えたり，実践の喜びを味わうなどの実践的・体験的な活動の充実が求められている。
（新設）	(4)学習内容の定着を図り，一人一人の個性を生かし伸ばすよう，児童の特性や生活体験などを把握し，技能の習得状況に応じた少人数指導や教材・教具の工夫など個に応じた指導の充実に努めること。	・児童の特性や生活体験，技能の習得状況に応じた指導や教材・教具の工夫など個に応じた指導の充実が促されている。
4 家庭との連携を図り，児童が身に付けた知識及び技能などを日常生活に活用するよう配慮するものとする。	(5)家庭や地域との連携を図り，児童が身に付けた知識及び技能などを日常生活に活用できるよう配慮すること。	・家庭にとどまらず，地域との連携が求められている。
3 実習の指導については，次の事項に配慮するものとする。	**3 実習の指導に当たっては，次の事項に配慮するものとする。**	
(2)事故の防止に留意して，熱源や用具，機械などを取り扱うこと。	(1)施設・設備の安全管理に配慮し，学習環境を整備するとともに，熱源や用具，機械などの取扱いに注意して事故防止の指導を徹底すること。	・施設・設備の安全管理の配慮，学習環境の整備が明記され，事故防止の指導の徹底が求められている。
(1)服装を整え，用具の手入れや保管を適切に行うこと。	(2)服装を整え，衛生に留意して用具の手入れや保管を適切に行うこと。	・衛生に留意することを明記。
(3)調理に用いる食品については，生の魚や肉は扱わないなど，安全・衛生に留意すること。	(3)調理に用いる食品については，生の魚や肉は扱わないなど，安全・衛生に留意すること。また，食物アレルギーについても配慮すること。	・「食物アレルギーについても配慮すること。」を明記。

新学習指導要領を読み解く

第 2 部
The second

A 1 自分の成長と家族・家庭生活

⑦ ❶自分の成長を自覚し，❷家庭生活と家族の大切さや❸家庭生活が家族の協力によって営まれていることに気付くこと。

> ○ キーワード
> ≫ 自分の成長
> ≫ 家庭生活と家族の大切さ
> ≫ 家族の協力

A 1 ⑦ 学習指導要領を ハヤヨミ

❶自分の成長を自覚
　これまでの自分の生活を振り返ることによって，自分の成長は衣食住などの生活に支えられているとともに，その生活が家族に支えられてきたことに気付くことができるようにします。家族の一員として自分が成長していることに気付いたり，学習を通してできるようになった自分に喜びを感じたりすることは，学習に取り組む意欲を高める上でも重要なことです。

❷家庭生活と家族の大切さ
　衣食住，消費や環境に係る生活を営む場である家庭生活は，自分の成長を支え，家族の健康，快適で安全な生活を支えるために重要であることに気付くことができるようにします。また，その家庭生活は家族によって成り立っており，自分も家族を構成している大切な一人であることが分かり，家族の大切さに気付くことができるようにします。

❸家庭生活が家族の協力によって営まれていること
　健康，快適で安全な家庭生活は，家庭の仕事を協力して行うなど，家族の協力によって営まれていることに気付くことができるようにします。その際，日常生活の中から見いだした様々な問題について，健康・快適・安全，持続可能な社会の構築等を視点として解決に向けて工夫をすることが大切であることにも気付くようにします。

よくわかる 解説

　小学校に入学してから現在までの生活を中心に，自分の成長を振り返ります。その振り返りを通して，成長した自分の姿だけでなく，家庭生活や家族の大切さに気付くことができるようにします。また，自分も家族の一員であることや，その家族の大切さに気付くことができるようにすることをねらいとしています。そして，ガイダンスとして，家庭科ではどのようなことを学習するのかだけでなく，家庭科の学習を通して，よりよい生活を送るために，家族の協力，健康・家庭・安全，持続可能な社会の構築等の視点から，家族や家庭生活について考えていくことにも気付かせることがポイントです。

指導にあたっては

ガイダンスの学習の場合は，第4学年までの学習を振り返り，自分の成長は家族の理解や愛情に支えられていることに気付くことができるよう配慮する。例えば，小学校入学時からの自分を振り返り，自分の回りでどのような衣食住の生活が営まれていたか，それらは自分の成長にどのように関わってきたかについて話し合う活動が考えられる。その際，児童によって家族構成や家庭生活の状況が異なることから，各家庭や児童のプライバシーを尊重し，十分配慮しながら取り扱うようにする。また，2学年間で学習する内容に触れ，見通しをもたせるとともに，家庭科の目標に挙げた生活の営みに係る見方・考え方に触れるようにする。例えば，これからの学習を通して，どのような家庭生活を送りたいかなどについて考え，協力，健康・快適・安全，生活文化などの視点に気付かせたり，よりよい家庭生活の実現に向けて，できるようになりたいことなどを話し合ったりする活動が考えられる。

「A家族・家庭生活」から「C消費生活・環境」までの内容と関連させて題材を構成する場合は，例えば，学期や学年の終わりなど学習の区切りの時期に，実践記録などから学習の成果を振り返ることを通して，自分の成長への気付きが段階的に深まるようにすることなどが考えられる。このことは，継続していくことの大切さに気付いたり実践する意欲を高めたりする上で必要なことである。また，第6学年の終わりの学習においては，家庭生活をよりよくするための課題を中学校技術・家庭科の内容と結び付けて捉えられるようにし，中学校への円滑な接続を図るよう配慮する。

A　家族・家庭生活

考えられる実践

**活動・題材例 **

●家庭科を始めよう

小学校入学頃からの自分を振り返り，自分の成長に気付く。
①小学校入学からこれまでに「できるようになったこと」と「家族にやってもらっていること」を考える。
②できるようになったことが増えたのは，家族の支えがあったことに気付く
③ABCの3つの内容の概要を示し，家庭科で2年間に学ぶ学習内容を児童に示す。
④家庭科を学習するにあたり大切な「見方・考え方」について，知る。
⑤今はできないが，家庭科の学習を通して2年後にできるようになりたいことをワークシートに書く。

A 2 家庭生活と仕事

○ キーワード

㋐ 家庭には，❶家庭生活を支える仕事があり，❷互いに協力し分担する必要があることや❸生活時間の有効な使い方について理解すること。

》 家庭生活を支える仕事
》 互いに協力し分担する
》 生活時間の有効な使い方

A 2 ㋐ 学習指導要領を ハヤヨミ

❶家庭生活を支える仕事

　家庭での生活は，着たり食べたり住まうことに関わる仕事，家族に関する仕事等があり，それらの仕事の積み重ねによって，健康，快適で安全な家庭生活を営むことができることに気付くようにします。

❷互いに協力し分担する必要があること

　家族が互いの生活時間を工夫し，共に過ごしたり，仕事を分担したりするなど，協力し合って生活する必要があることについて理解できるようにします。また，協力することによって家族との触れ合いが充実し，家族への思いが深まることにも気付くようにします。さらに，家族の間で仕事の分担を工夫して実行することや，進んで家庭の仕事に関わっていくことが必要であることについて理解できるようにします。

❸生活時間の有効な使い方

　生活時間が生活の中で行われている様々な活動に使われている時間であり，個人が自由に使う時間，食事や団らんなど家族と共に過ごす時間，家庭の仕事など家族と協力する時間等があることを理解できるようにします。また，生活時間の有効な使い方とは，時間に区切りを付けたり，計画的に使ったりするなど，時間を工夫して使うことであることを理解できるようにします。さらに，家族の生活時間を考えながら，自分の生活時間の使い方を工夫することによって，家庭生活が円滑に営まれることに気付くことができるようにします。

よくわかる解説

　生活時間は，自分のためだけでなく，家族の時間の使い方にも目を向けながら，時間の使い方を考え実践できるようになることが必要です。生活時間を管理（マネジメント）できることは自立への第一歩になります。家庭の仕事は，家族の誰か1人だけが担うものではなく，家族のライフスタイルに合わせて，互いに協力し合いながら分担して行ったり，一緒に行ったりするなど，いろいろな行い方があります。また，家庭科で学習する内容は，家庭生活を支える仕事につながるものであることにも気付かせることで，学習の意義に気付くことができるようにすることもポイントです。家庭科の学習を通して，家族の一員として，単なる手伝いではなく，自ら進んで取り組み継続して行えることを増やしていきましょう。

指導にあたっては

家庭の仕事の分担と生活時間の有効な使い方を関連付けて扱うよう配慮する。例えば，家庭の仕事については，家庭での家族の仕事を観察したり，インタビューしたりするなどの活動を取り入れることが考えられる。また，生活時間については，自分と家族の生活時間の使い方を比較するなどして，家族の生活や家庭の仕事と関連付けて，自分の生活時間の使い方を見直す活動などが考えられる。

考えられる実践

活動・題材例 1

●家族の仕事についてインタビュー

A(2)アを学習する際には，児童が学習の目的や，なりたい自分をイメージできることが大切である。

家族という集合体へのメンバーシップ（意識）を，児童を含めて構成している家族全員がもち，よりよい生活のために協力する必要があることに気付くことができれば，学習や家庭実践への意欲は高まる。

様々な導入の仕方が考えられるが，教師の経験を話すことなどを通して，これから学習することの価値を理解させるようにする。

例えば，「家庭の仕事をしていてうれしいのはどんなときか」を家族などにインタビューさせる活動の場合は，教師からの説明の言葉やワークシートを工夫して，学習に生かせるインタビュー内容になるよう配慮したい。

活動・題材例 2

●休日の時間の使い方調べ

平日は家族がそれぞれ活動しているので，児童が家族の生活時間の使い方を実感するには，休日の時間の使い方について調べさせることがよい。「自分のための時間」「家族のための時間」「家族いっしょに過ごす時間」に色分けをすれば，「家族いっしょに過ごす時間」を増やしたいと児童に考えさせるには，家族の気持ちとして教師の経験などを話すことが効果的である。

時間のかかる家庭の仕事も家族でいっしょにやれば，楽しい「家族いっしょに過ごす時間」となる。このように家庭の生活時間を工夫するということは，「自分のための時間」や「家族のための時間」を「家族いっしょに過ごす時間」に替えることであり，家族と触れ合う楽しい時間が増えることでもある。

A　家族・家庭生活

A ２ 家庭生活と仕事

キーワード
≫ 家庭の仕事

イ ❶家庭の仕事の計画を考え,工夫すること。

A ２ イ 学習指導要領をハヤヨミ

❶家庭の仕事

ここでは,家庭の仕事についての課題を解決するために,ア及び「B衣食住の生活」で身に付けた基礎的・基本的な知識及び技能を活用し,家族との協力や,健康・快適・安全などの視点から,家庭の仕事の計画を考え,工夫することができるようにします。

児童の身近な生活の中から問題を見いだし,課題を設定するようにします。課題を解決するための方法については,家庭の仕事の内容や手順を調べたり,家族に教えてもらったり,これまでの方法を振り返って発表し合ったりする活動などを通して,より効果的な家庭の仕事の仕方について検討できるようにします。その際,既習事項や自分の生活経験と関連付けて考え,適切な解決方法を選び,実践に向けて具体的に計画を考えることができるようにします。

実践の振り返りについては,計画どおりに実践できたこと,できなかったことなどを評価し,実践発表会などを通して,計画の改善点を提案したり,次の実践につなげたりすることができるようにします。

よくわかる解説

ここでは,家庭の仕事について課題を設定し,問題解決的な学習に取り組みます。指導事項アにおいて,家族に協力して家庭の仕事を分担することや,生活時間の有効な使い方について学習したことを活用しながら,家族との協力などの視点から,家庭の仕事をより効果的に行うためには,どのような課題があり,その課題をどのように解決していけばよいのかを考え,実践につなげていきます。また,家庭との連携を図りながら実践を行いますが,家庭での実践が難しい場合には,学校の中で実践できる場を設けるなどの準備も必要です。実践しただけにならないよう,実践交流を行い,実践の振り返りを行いましょう。振り返りで,出てきた新たな課題を記録に残しておき,（4）の家族・家庭生活についての課題と実践につなげることもできます。

指導にあたっては

「B衣食住の生活」の内容との関連を図り，衣食住に関わる仕事の計画を立てたり，実践したことを評価・改善したりする際，グループや学級内で交流するなどの活動を工夫し，児童が考えを広げたり深めたりできるよう配慮する。また，衣食住に関わる仕事の実践を通して，課題を解決できた達成感や，実践する喜びを味わうことにより，自分の分担した仕事をその後の生活でも継続的に取り組むことができるようにする。

例えば，衣食住や家族に関する仕事について，B(6)「快適な住まい方」の整理・整頓や清掃の仕方を取り上げ，効率よく整理・整頓や清掃を行うために，家族と協力して分担するための実践計画を考え，工夫する活動などが考えられる。

なお，児童の家庭の状況に十分配慮し，家庭との連携を図るようにする。

A　家族・家庭生活

考えられる実践

● 家族に協力して仕事をしよう

課題設定
① 家庭科を学習してできるようになったことを話し合う。
② 学習したことを生かして、自分にできる家庭の仕事を考える。

> 課題：整理・整とんで学んだ、衣服などのたたみ方としまい方を、家庭で実践する。

計　　画
① 仕事の手順や方法、気を付けることなどを考え、計画を立てさせる。
※実践には家族の協力が必要なので、家族と話し合ってから実践する。

実　　践
① お母さんが夕食をつくっているときに洗濯物をたたみ、しまう。

評価・改善
① 家庭の仕事の実践記録の発表で、どのようなことを発表するかを、確認する。
② どんな工夫をして仕事に取り組んだかを、まとめる。
③ これからも自分の分担した仕事を続けていくための工夫を考える。

5年生の1学期で学んだことを、早速夏休みの家庭実践につなげられますね。

A ③ 家族や地域の人々との関わり

○ キーワード

㋐ (ア) 次のような知識を身に付けること。
❶家族との触れ合いや団らんの大切さについて理解すること。

≫ 家族の触れ合いや団らんの大切さ
≫ 家族とのつながりを深める

A ③ ㋐ (ア) 学習指導要領をハヤヨミ

❶家族との触れ合いや団らんの大切さ

食事や家庭の仕事などを共にしたり，あいさつや会話を通してコミュニケーションを図ったりするなどの家族との触れ合いや，家族などと和やかな時を過ごす団らんは，毎日の生活の中で何気なく行っていることですが，家族とのつながりを深める重要な生活行為であることを理解できるようにします。また，家族とのつながりを深めるためには，普段何気なく見過ごしている触れ合いや団らんの時間を楽しくする工夫をすることが大切であることに気付くようにします。その際，自分の思いがうまく伝わらなかったり，自分の考えを分かってもらえなかったりした時，自分の思いの表し方を工夫したり，相手の立場を理解したりすることが必要であることにも気付くようにします。

なお，家族が直接触れ合うことだけではなく，例えば，手紙で思いを伝えたり，感謝の気持ちを表すために手作りの品にメッセージカードを添えたりするなど，家族がそろわなかったり触れ合う時間が十分なかったりしても心豊かな家庭生活を送るための工夫ができることに気付くようにします。

よくわかる解説

ここでは，家族と一緒に過ごしたり触れ合う場をもったりすることによって，家族とのつながりを深めることができることを理解し，家族とのつながりを深めるためには，触れ合いや団らんの時間を楽しくする工夫をすることが大切であることに気付かせます。そして，どのような工夫をすれば，触れ合いや団らんの時間を楽しく過ごすことができるのかを考える，A(3)イの学習へとつなげていきましょう。

家族が触れ合うことができる時間や，触れ合うための方法は，家庭によって様々です。それぞれの家庭の状況に合わせた，触れ合いの方法があることにも気付かせるようにしましょう。

指導にあたっては

家族との触れ合いや団らんは，家庭生活の状況によって様々な形が考えられることから，児童の家庭の状況に十分配慮しながら取り扱うようにする。また，児童が家族の一員としての存在を実感できるよう配慮する。

考えられる実践

活動・題材例 1

●触れ合う時間の大切さを考える

① 1日の生活の中で，どんなときに家族と過ごしているか，またその時間を過ごしているとき，自分はどんな気持ちになっているか，学習カードに書き出す。
② 学習カードに書き出したことを発表する。
③ 教科書から，家族との触れ合いや団らんの意味を確認する。
④ 学習でわかったことを学習カードに書く。

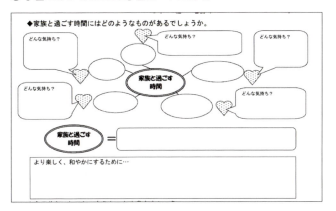

活動・題材例 2

●団らんのためのかんたんな食べ物・飲み物のつくり方

家族との団らんの時間を楽しくする工夫として，かんたんな食べ物，飲み物を用意する。
※食物アレルギーに十分配慮して使用材料に留意する。

■カナッペ
【材料】クラッカー，ハム，ゆで卵，きゅうり，マヨネーズ，クリームチーズ，砂糖，キウイフルーツ
【つくり方】
① クラッカーにマヨネーズをぬり，4つに切ったハム，輪切りにしたゆで卵ときゅうりをのせる。
② クラッカーにクリームチーズと砂糖を混ぜてぬり，皮をむいて輪切りにしたキウイをのせる。

A 家族・家庭生活

A ③ 家族や地域の人々との関わり

㋐ (イ) 次のような知識を身に付けること。

❶家庭生活は地域の人々との関わりで成り立っていることが分かり，❷地域の人々との協力が大切であることを理解すること。

○ キーワード
- 地域の人々との関わり
- 地域の人々との協力
- 幼児や高齢者

A ③ ㋐(イ) 学習指導要領を ハヤヨミ

❶家庭生活は地域の人々との関わりで成り立っていること

家庭生活が，家族の協力だけではなく，地域の人々との関わりで成り立っていることや関わりの大切さが分かるようにします。また，地域では幼児や高齢者など，様々な人々が生活しており，自分の生活にも関わりがあること，地域の人々との日常の関わりが，つながりや交流を深める上で大切であることが分かり，共に生活している地域の人々への思いやりの気持ちをもてるようにします。このことは，家族の人数が減ったり，高齢者が多くなったりする地域社会の中で，そこに住む様々な人々と共に協力し助け合って生活するために，ますます必要となることです。

❷地域の人々との協力が大切であること

快適で安全に生活するためには，地域の人々との関わりが必要であること，幼児や高齢者など，様々な人々と共に協力し助け合って生活することが大切であることについて理解できるようにします。その際，自分の生活が，多くの人々と関わって成り立っていることから，自分勝手では成り立たないことに気付くようにします。例えば，自分の生活の快適さを求めていくことが他の人の迷惑になったり，我慢しなければならなかったりする場合もあることに触れ，よりよい生活を築いていくためには，地域の人々と協力し助け合っていくことが大切であることにつなげるようにします。

よくわかる 解説

ここでは，家庭生活は，家族だけでなく，地域社会の中で暮らす様々な人たちとの関わりの中で成り立っていることを理解し，快適で安全に生活するためには，地域の人たちと協力し助け合って生活することの大切さが分かるようにします。

地域の人々との関わりの中で，幼児や高齢者との関わりは，今回の改定で新設された内容です。少子高齢社会の進展に対応して，家族や地域の人々とよりよく関わる力を育成することや，小・中・高等学校の内容の系統性などをねらいとして新設されました。

児童にとって身近で具体的な場面を取り上げながら，地域の中で様々な世代の人たちと，助け合い協力し合いながら，共に生活するという意識を高めていきましょう。

指導にあたっては

家庭や地域と積極的に連携を図り，具体的な場面から，家庭生活と地域とのつながりや地域の人々との協力の大切さについて気付くことができるよう配慮する。例えば，他教科等で行った交流活動等を振り返って，地域の人々との協力について話し合ったり，地域にはどのようなルールやマナーがあるのかを調べたりする活動などが考えられる。また，B(6)「快適な住まい方」との関連を図って，家族や地域の人々と快適に住まうために，生活の仕方によって発生する生活音等を取り上げて，自分の行動や生活を見直したりする活動などが考えられる。

A 家族・家庭生活

考えられる実践

活動・題材例 1

● 地域の人々との関わり方

児童にとって，身近な地域の人々と自分の家庭がどのように関わっているかは，よく分からない場合が多い。家族にインタビューしたことや自分の知っていることを発表し合うことで，地域との関わりに目が向き，もっとよい関わり方をするための課題をもつことができる。

- ごみを出すマナーをみんなが守れるようにしたい。マンションの管理人さんに頼んでポスターを貼らせてもらおう。
- よく遊ぶ公園をもっときれいにしたい。友達とごみ拾いに行こう。
- 地域に花を植えるボランティア活動に参加したい。活動の様子をレポートにまとめよう。

活動・題材例 2

● 騒音を少なくする工夫を知る

① 騒音に悩まされた経験を話し合う。
　・騒音と感じる音にはどんなものがあるかまとめる。
　・同じ音でも聞き手によって不快な音にも快い音にもなり得ることに気付かせる。
② 騒音を少なくする方法を考える。
例）ステレオを聞く場合，ピアノを弾く場合
方法）遮音，吸音，音漏れ防止，防振
　・段ボールを家に見立て，騒音を少なくする方法を試し，騒音計で測定させる。
　・生活時間帯を考えた音の出し方や周囲に迷惑をかけない配慮の大切さに気付かせる。

A ３ 家族や地域の人々との関わり

○ キーワード

イ ❶❷家族や地域の人々とのよりよい関わりについて考え，工夫すること。

- 家族や地域の人々とのよりよい関わり
- 生活時間の見直し
- 地域の人々とのよりよい関わり
- 協力できること

A ３ イ 学習指導要領を ハヤヨミ

ここでは，家族との触れ合いや団らん，地域の人々との関わりについての課題を解決するために，アで身に付けた基礎的・基本的な知識を活用し，家族や地域の人々との協力などの視点から，よりよい関わりについて考え，工夫することができるようにします。

❶ 家族とのよりよい関わり

家族との触れ合いや団らんについて問題を見いだし，課題を設定するようにします。課題を解決するための方法については，家族の生活時間を見直し，触れ合いや団らんの時間や場を生み出し楽しくする方法などについて検討できるようにします。

❷ 地域の人々とのよりよい関わり

児童の身近な生活の中から，地域で共に生活している幼児や高齢者など，異なる世代の人々との関わりについて問題を見いだし，課題を設定するようにします。課題を解決するための方法については，地域の人々との関係をよりよいものにするために，自分が協力できることなどについて検討できるようにします。

家族との触れ合いや団らん及び地域の人々との関わりのいずれの場合にも，解決方法については，既習事項や自分の生活経験と関連付けて考え，適切な解決方法を選び，実践に向けて具体的に計画を立てることができるようにします。

実践の振り返りについては，計画どおりに実践できたこと，できなかったことなどを評価し，実践発表会などを通して，計画の改善点などを提案したり，家族や地域の人々との関わりを更に深めるための実践につなげたりできるようにします。

よくわかる 解説

A(3)のアで学習したことを踏まえて，家族との触れ合いや団らんを楽しくする工夫と，幼児や高齢者などの地域の人々との関わりをよりよいものにするための工夫や自分で協力できることは何かを考え，具体的に計画を立て実践していきます。

家族との触れ合いや団らんを楽しくする工夫については，A(2)の家庭の仕事と生活時間で学習したことも踏まえながら，考えることができるようにしましょう。地域の人々とのよりよい関わりについては，他教科等の交流活動で幼児や高齢者と関わる機会があれば，その活動と関連を図りながら学習を行うこともできます。いずれの場合にも，プライバシーに配慮し，家庭や地域での実践が難しい場合には，学校の中で実践ができる場を設けるなどの支援を行いましょう。

指導にあたっては

　家族との触れ合いや団らんについては，児童の家庭の状況に応じた方法で課題を解決することができるよう配慮する。また，地域の人々との関わりについては，身近な地域の活動や行事等を取り上げ，具体的に考えられるようにする。その際，総合的な学習の時間や特別活動など他教科等における交流活動等の学習と関連させて，幼児又は低学年の児童や高齢者など異なる世代の人々と関わることができるよう配慮する。

　家族との触れ合いや団らんについては，例えば，会話や遊びなど家族と直接的な触れ合いができる場と時間を作り出し，家族にお茶を入れたり，果物や菓子など供したりすることを計画するなど，楽しく和やかに過ごすために工夫する活動などが考えられる。

　地域の人々との関わりについては，例えば，児童会活動における低学年の児童との交流活動の機会に，布を使って製作したものをプレゼントしたり，一緒に遊んだりすることを計画するなど，関わり方を工夫する活動などが考えられる。

A

家族・家庭生活

考えられる実践

㋐ を活用　家族との「触れ合いタイム」計画

課題設定
① 家族と触れ合う時間の大切さを考え，触れ合いや団らんをもてるようにしたい。

> 課題：家族との「触れ合いタイム」を計画する。

計　　画
① いつ，どんなふうに「触れ合いタイム」を実践するか，考える。
・家庭の生活時間を調べた学習を生かして実践する時を決めたり，ゆっくりと団らんをもつために，家庭の仕事を協力して早く終わらせるなどの工夫が考えられる。
② 自分の考えた工夫をカードに書き，発表する。
③ 友だちの工夫の中から，自分の家庭にも取り入れたいことを整理し，「家族との触れ合いタイム」の計画を学習カードにまとめる。
※直接触れ合うことだけでなく，手紙で思いを伝えるなど，感謝の気持ちを表す方法もあることを伝える。

実　　践
① 家族との「触れ合いタイム」を実践する。

評価・改善
① 家族との「触れ合いタイム」実践報告会をする。

A ４ 家族・家庭生活についての課題と実践

(ア) ❶日常生活の中から問題を見いだして課題を設定し，❷よりよい生活を考え，計画を立てて実践できること。

○ キーワード
» 生活の課題
» 家族や地域の人々にとってよりよい生活
» 家庭や地域での実践

A ４ ⑦ 学習指導要領を ハヤヨミ

❶日常生活の中から問題を見いだして課題を設定

(2)「家庭生活と仕事」又は(3)「家族や地域の人々との関わり」の指導事項ア及びイで身に付けた知識などや，生活経験を基に生活を見つめることを通して，問題を見いだし，児童の興味・関心等に応じて「B衣食住の生活」や「C消費生活・環境」で学習した内容と関連させて，課題を設定できるようにします。その際，これまでの学習の中で疑問に思ったことや更に探究したいこと，自分にできることなどを考え，生活の課題として設定できるようにします。

❷よりよい生活を考え，計画を立てて実践できること

課題の解決に向けて，設定した課題に関わり，これまでの学習で身に付けた知識及び技能などを活用して，計画を立てて，家族や地域の人々と関わりながら実践できるようにします。その際，どのような生活をしたいか，自分だけでなく家族や地域の人々にとってよりよい生活とはどのようなものなのかを考えることが大切です。

また，実践後は，課題解決に向けた一連の活動を課題を振り返って評価し，実践発表会などを通して，更によりよい生活にするための新たな課題を見付け，家庭や地域での次の実践につなげることができるようにします。

よくわかる解説

中学校の生活の課題と実践につながる学習として，新設された内容です。各内容における指導事項イの学習とは別に，例えば，学期や学年のまとめの学習として，児童が自ら日常の生活の中から問題を見いだして，2学年間で1つ又は2つの課題を設定することができるようにします。(2)「家庭と仕事」と(3)「家族や地域の人々との関わり」を軸として，他の学習内容とを関連させながら，自分のことだけでなく家族や地域に人々にとってのよりよい生活について工夫を考えます。課題の設定にあたっては，指導事項イの学習を通して出て来た，新たな課題を活用することもできます。また，計画の実践に当たっては，児童の生活の状況に配慮しながら，個人やグループで実施したり，家庭や地域での実践が難しい場合には，学校で実践できるようにしたりするなどの支援を行います。

指導にあたっては

　日常生活を見直して課題を設定し，計画，実践，評価・改善という一連の学習活動を重視し，問題解決的な学習を進めるようにする。また，個人又はグループで課題解決に取り組むことが考えられる。

　例えば，「A家族・家庭生活」(2)と「B衣食住の生活」(5)を関連させて，家族が互いに協力し合って家庭生活を送ることを課題として設定し，家族が家庭の仕事をする際に役立つ物を，布を用いて作る計画を立てて実践し，評価・改善するなどの活動が考えられる。また，「A家族・家庭生活」(3)と，「B衣食住の生活」(2)及び，「C消費生活・環境」(1)と関連を図って，地域の高齢者や幼児，低学年の児童が参加する行事等で，交流したり協力したりすることを課題として設定し，交流会へ向けて，簡単な調理や必要な材料などを購入する計画を立てて実践し，評価・改善する活動なども考えられる。

　なお，家庭や地域と積極的に連携を図り，効果的な学習が進められるよう配慮するとともに，家庭や地域で実践する喜びや自信を育てるようにする。

A 家族・家庭生活

考えられる実践

活動・題材例 1

●地域の人と交流を深めよう

　地域の人との関わり方に関心をもって，交流を計画・実践できる。

① 自分の生活を振り返り，地域の様々な人と関わりを深めるための方法を考える。
　・手づくりのものを贈る。　・交流会をする。・メッセージカードを贈る。
② 思いを込め，実践計画表に記入する。
③ 実践計画に従い，作業を進める準備をする。
　　・作品製作の場合：一人でつくるのか，グループでつくるのか，そのケースに合わせてグループ分けや用具の準備をする。
　　・学校で交流会を行う場合：会場の準備，料理の準備
④ 各自の課題に沿って，実践の振り返り，発表する。
⑤ 発表を聞き合って，感じたこと，わかったことをまとめる。

■家庭科で学んだ技能を生かし，つくるプレゼント例

○携帯ストラップ

材料
・フェルト2枚　4×4cm
・色糸
・細いひも　16cmくらい

つくり方
①ネームプレート状のものを2枚つくる。
②2枚を重ね合わせ、中に綿を少し入れ回りを縫い合わせる（かがり縫い）。
③用意したひもを環にしてフェルトに縫いつける。

授業展開例

本時の目標
● 家庭生活を支える仕事について話し合い，家族や自分の生活時間を振り返り，家庭の仕事に協力し分担するための計画を考え，工夫して取り組もうとする。

主な学習活動	指導上の留意点
事前 各自，自分と家族の生活時間を表にまとめる。	● 学習の前に，家族と自分の生活時間の使い方について，家庭での様子を調べさせておく。
生活時間を見直し，家庭の仕事について考えよう。	
① まとめた表をもとに，家族の生活時間や家庭の仕事の分担について気付いたことを話し合う。 例 ・親が家族のために使っている時間が多い。 ・自分が寝ている時間にも家族のために家事をしている。 ・家族のために働きたい。 ・自分も本格的にやって役に立ちたい。	● 「家庭の仕事」の部分に着目して生活時間の表を見直すことで，児童が，主に誰が，いつ，何の仕事をしているのか視覚的にイメージをもてるようにする。 ● 家族と自分の生活時間表を拡大掲示し，話し合いのきっかけにする。 （家族と自分，例と自分を比較する）
② 「家庭の仕事」には，どのような仕事があるかを考え，話し合う。 （衣） ・洗濯 　（洗う，干す，片づける） （食） ・ご飯を炊く ・配膳 ・調理 ・片づけ （住） ・そうじ ・ごみ捨て	● 「家庭生活を支える仕事」には，衣食住や家族に関する仕事などがあり，それらの仕事の積み重ねによって，健康，快適で安全な家庭生活を営むことができることに気付かせるようにする。 **評価の例** ○衣食住に関する仕事があり，自分や家族の生活を支えていることに気付く。

主な学習活動	指導上の留意点
③ 自分の分担する仕事の計画を立てる。 ・実践する仕事 ・その仕事に決めた理由 ・取り組む日時 ・手順 ・工夫すること	● 計画を立てる際に，手順や工夫などを家庭で調べさせておく。
④ 自分が立てた実践計画をグループで話し合い，実践への見通しをもつ。 ・実践しようと思った理由 ・分担する仕事の内容や手順 ・実践するための工夫	● 同じ仕事に取り組む児童でグループを編成し，手順や工夫などが具体的に考えられるようにする。 ● 友達からのアドバイスをもとに，計画を見直し，実践への見通しをもつことができるようにする。

> **評価の例**
> ○ 家族のために生活時間を工夫し，意欲的に仕事を分担しようとしている。

⑤ 学習を振り返り，家庭実践への意欲を高める。	● 長期休業後に，実践報告会を行うことを伝え，実践の様子や工夫したことなどを，実践カードに詳しく記録するよう伝える。

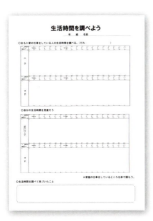

A 家族・家庭生活

* 実践にあたっては，家庭との連携が大切になってくる。事前に，家庭実践を行うことや実践の様子，結果について家族からの感想をもらうことを各家庭に依頼しておく。
* 生活時間や家庭の仕事を調べる際には，家族構成や家族の就業状態など，プライバシーや児童を取り巻く環境に十分配慮する。

授業展開例

本時の目標

● 「ゆでる調理」で学んだことを生かして,「ホットサラダ」を調理することを理解し,お世話になっている人においしく食べていただくための,インタビューシートを書くこと等を通して,相手の好みや健康面等を配慮しながら,調理について考えることができる。

主な学習活動	指導上の留意点
① **お世話になっている人(地域の人,学校職員など)をお呼びして開く「ホッとタイム」で,食べていただく"ホットサラダ"の調理の仕方の基本を知る。** 【教師からの課題】 ・水からゆでる野菜とお湯からゆでる野菜の両方を含む。 ・加工品,またはゆで卵を入れてもよい。 ・味付けのための手づくりソースを用意する。 ・ゆで野菜サラダでも,野菜スープ(コンソメスープ)でもよい。	● 前時までに,お世話になっている人へ感謝の気持ちを伝える「ホッとタイム」を企画し,食べていただく相手を,1グループで一人,決めておく。 ● 「ゆでる調理」で学んだことを想起できるようにする。 (調理の示範を見せても,これまでの「ゆでる調理」を振り返ることができる(写真など)を見せてもよい) ● 水からゆでる野菜を1種類,お湯からゆでる野菜を2種類などと設定することで,「ゆでる調理」で学んだことを生かすことができるようにする。 ● 加工品としてハムやベーコン,ソーセージを使用してもよいが,量のめやすを設定しておく。 ● ゆでた野菜をサラダにするか,スープにするか,味付けはどうするかなどは,児童が考え,追究できるようにする。
② **グループで,調理計画を立てるためのインタビューシートを作成する。** ● 水からゆでる野菜,お湯からゆでる野菜として,何を扱うかを考える。 ● 材料にする野菜は,すべてを合わせて一人分100gとなるようにし,各分量を考える。 ● インタビューしたいことを考える。(味付けや切り方の好み,体のことで気を付けたいことなど)	● 材料とする野菜は,グループで相談して決めてもよいし,相手にインタビューをして選んでもらってもよいことにする。選んでもらう場合は,選択肢を決めて,インタビューシートに書くようにする。 ● 食べていただく相手に,教師から事前に連絡をとり,味付けや切り方の好み,健康面などを,児童に遠慮なく伝えてもらえるように,協力をお願いしておく。 (例:ジャガイモは,ゴロっと大き目に切ってほしい。ブロッコリーはやわらかくなりすぎないようにしてほしい。塩分は控えめにしたい,など)

主な学習活動	指導上の留意点
③ グループで書いたインタビューシートを見合う。 ● グループでインタビューシートを仕上げ、インタビューに行く日時などを計画する。	● インタビューされる相手の気持ちになって、各グループのインタビューシートを見合い、自分のグループ以外のグループのシートについて、気付いたことやアドバイスなどを伝える。 **評価の例** ○「ゆでる調理」で学習したことを生かして、食べていただく人がおいしく食べられるように、調理計画を立てようとしている。

A 家族・家庭生活

写真
「ホットサラダ」
調理例

左:ゆで野菜サラダ
右:コンソメスープ

写真
「ホッとタイム」の様子

* 学習指導要領「A家族・家庭生活（4）家族・家庭生活についての課題と実践」（新設）につなげることのできる実践である。これまで学習してきた調理の基礎知識や調理実習を活用して、お世話になった人々との交流を図る計画である。
* 実践にあたっては、「ゆで野菜サラダ（または、スープでもよい）」について、大枠は教師が設定し、どのように仕上げるかは児童が考え、取り組んでいった。

P38-39の授業展開例の題材構想図とワークシート

「ゆでる調理」題材構想図 （平成29年度 5年生）（全13時間）

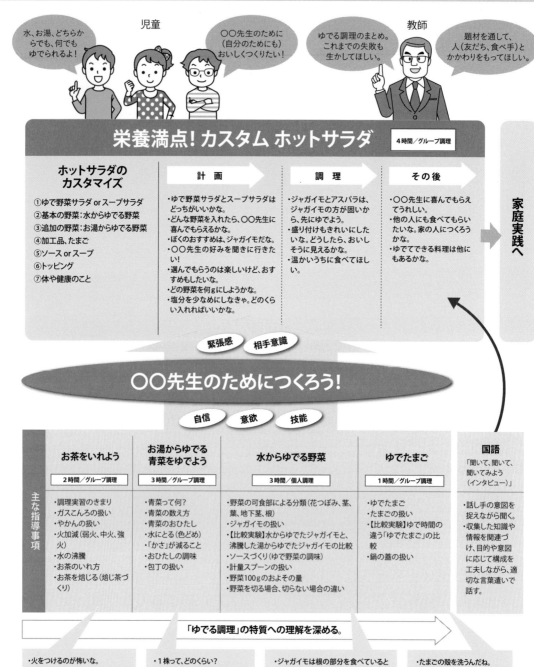

B ①　食事の役割

○ キーワード

㋐ ❶食事の役割が分かり，❷日常の食事の大切さと食事の仕方について理解すること。

≫ 食事の役割
≫ 日常の食事の大切さ
≫ 食事の仕方

B ① ㋐　学習指導要領を ハヤヨミ

❶食事の役割　　食事は，健康を保ち，体の成長や活動のもとになることや，一緒に食事をすることで，人と楽しく関わったり，和やかな気持ちになったりすることなどについて理解できるようにします。また，規則正しい食事が生活のリズムをつくることや，朝食をとることによって学習や活動のための体の準備ができることなどについても触れるようにします。

❷日常の食事の大切さと食事の仕方　　食事の役割を知ることで，日常の食事が大切であることについて理解できるようにします。また，食事の仕方については，はしの持ち方や食器の扱い方，食べるときの姿勢などに気を付けることや，人と共に食べるときには，食べる速さに配慮し，食事にふさわしい会話を考える必要があることについて理解できるようにします。

役割や働きがBCの各内容のはじめの指導事項に入っているのが，今回の学習指導要領の特徴でしたね。小学校で学ぶ「食事の役割」にはどのようなものがあるでしょうか。

よくわかる 解説

　食事の役割としては，健康の保持増進，成長など生理的な側面がありますが，それに加えて，人と一緒に食事をする（共食する）ことで，満足を得たり人間関係を深めたりする側面もあります。さらに，中学校での「健康に良い食習慣」の学習の基礎になる，生活リズムをつくることや朝食の大切さについても触れるようにします。
　日常の食事の仕方としては，「いただきます」「ごちそうさま」の挨拶やはしや食器の扱い方，食べる速さや会話の内容などを扱い，人と一緒に食事をするために必要なマナーの基本であることを理解できるようにします。

指導にあたっては

　家庭での食事や学校給食などについて振り返り，食事の役割や食事の仕方について話し合う活動を取り入れ，具体的に理解できるよう配慮する。

　例えば，食事の仕方については，お茶の入れ方・供し方や食事の配膳の仕方について実物や写真等を活用したり，はしや食器の扱い方など日常の食事の仕方について，調理実習の試食を振り返ったりして具体的に考えさせたりする活動などが考えられる。

　なお，児童の家庭での食事の様子を取り上げる場合は，プライバシーに十分配慮する。

　この学習では，体育科の第3学年及び第4学年における健康によい生活に関する学習や，第4学年までの食育に関する学習と関連を図るよう配慮する。

B 衣食住の生活

考えられる実践

活動・題材例 1

● 「なぜ食べるの?」でウェビング

「なぜ食べるの?」について話し合い，食事の大切さに気付く。
① 児童一人ひとりが自分の経験から「なぜ食べるの?」のウェビング図(キーワードからイメージする言葉をプリントや模造紙などに書き，つなげていくこと)を書く。
② 児童の意見を聞きながら，共通なウェビング図にまとめ，気付いたことを話し合う。
③ 食事の役割を知る。
④ 食事の大切さに気付き，自分の食事の仕方を考える。

活動・題材例 2

● はしと茶わんの持ち方

　食事の仕方については，調理実習の試食の際に，具体的に考えさせたりする活動などが考えられる。

　例えば，米を炊く実習の際には，教科書掲載の資料などを参考に，正しいはしと茶わんの持ち方を理解させましょう。

▶はしと茶わんの持ち方

B 1 食事の役割

イ 楽しく食べるために日常の❶食事の仕方を考え，工夫すること。

> ○ キーワード
> 》 楽しく食べるための工夫
> 》 食事の仕方についての課題の解決

B 1 イ 学習指導要領を ハヤヨミ

ここでは，日常の食事の仕方についての課題を解決するために，アで身に付けた基礎的・基本的な知識を活用し，楽しく食べるために，健康などの視点から食事の仕方を考え，工夫することができるようにします。

❶ 食事の仕方

児童の日常の生活の中から，人と共に楽しく食べるための食事の仕方について問題を見いだし，課題を設定するようにします。課題を解決するための方法については，調理実習の試食や学校給食を振り返って食事の仕方について話し合ったり，家族との食事や団らんの実践についての意見交換をしたりすることなどを通して，楽しく食べるための工夫について検討できるようにします。その際，既習事項や自分の生活経験と関連付けて考え，適切な解決方法を選び，実践に向けて具体的に計画を立てることができるようにします。

実践の振り返りについては，計画どおりに実践できたこと，できなかったこと，あるいは実践活動の中で考えたことなどを評価し，実践発表会などを通して，どのように改善したらよいかを考えることができるようにします。

よくわかる解説　イは，アで身に付けた基礎的・基本的な知識を，日常生活で活用できるようにすることを意図しています。ここでは，児童一人ひとりが，人とともに楽しく食べるための食事の仕方を考え，工夫することができるようにします。課題は，調理実習の試食や学校給食，家族との食事など，児童の日常生活の中から設定するようにします。解決のための方法を検討したり，実践後に振り返り改善を考えたりするときには，話し合いや意見交換などを行って考えを深めることができるようにします。

指導にあたっては

　楽しく食べるための食事の仕方を考え，食事の計画を立てたり，実践したことを評価・改善したりする際，グループや学級内で交流するなどの活動を工夫し，児童が考えを広げたり深めたりできるよう配慮する。例えば，学校給食の時間を利用し，A(3)「家族や地域の人々との関わり」と関連させて，低学年の児童と共に楽しく食べるための計画を立て，自分の食事の仕方を自覚し，改善するために考え，工夫する活動などが考えられる。

　また，児童が課題を解決できた達成感や，実践する喜びを味わい，次の学習に主体的に取り組むことができるようにする。さらに，学校での学習を家庭での実践として展開できるようにするために，児童の家庭の状況に十分配慮し，家庭との連携を図るようにする。

考えられる実践

㋐ を活用　低学年の児童とともに楽しく食べよう

課題設定

　①A(3)「家族や地域の人々との関わり」と関連させて，低学年の児童との交流を考える。

> 課題：低学年の児童とともに楽しく食べよう。

計　画

　①日時，場所，気持ちなどを話し合い，楽しく食べるための工夫を考える。低学年と話す際の会話や話題の工夫などに気を付けさせる。
　②お茶の入れ方，果物の皮のむき方，簡単なおやつづくりなどを実習し，低学年の児童とともに食べるための実践計画を立てる。

実　践

　①低学年の児童と交流をする。
　②B(1)アで学習した楽しく食事をするための必要な事柄を考え，食事のマナーや食事に対する感謝の気持ちを表すことを実践する。

評価・改善

　①交流を振り返り，感じたことや家庭や地域での実践に生かせそうなことを書き，発表し合う。
　②学習の価値を感じさせるために，家庭実践に生かすだけでなく，さらに異学年と仲良くなるきっかけにしていこうと呼びかける。

B

衣食住の生活

45

B ② 調理の基礎

㋐ (ア) 次のような知識及び技能を身に付けること。
❶調理に必要な材料の分量や手順が分かり，❷調理計画について理解すること。

○ キーワード
≫ 材料の分量や手順
≫ 調理計画
≫ 材料や調味料の計量

B ② ㋐ (ア) 学習指導要領をハヤヨミ

❶ 調理に必要な材料の分量や手順
材料の分量は，一人分の量から考えておよその量が分かるようにします。また，食品をおいしく調理するため，材料や調味料を正しく計量して用いるようにします。そのため，材料に応じた方法で計量できるよう，計量スプーン，計量カップ，はかりなど計量器具の使い方を理解できるようにします。手順については，材料を洗ってから切るなどの調理の手順を理解できるようにします。

❷ 調理計画
準備から後片付けまでを見通して，手際よく調理を進めるために，身支度を整え，必要な材料や調理器具等を準備し，調理の手順を確認し，グループの協力の仕方を考え，時間配分をすることなどが必要であり，計画に沿って調理すると効率よく作業できることを理解できるようにします。

よくわかる解説

調理を始めるにあたり，材料の分量が分かり，計量器具を用いて材料や調味料を正しく計量できるようにします。また，できあがりをそろえたり，手際よく調理を進めたりするためには，調理計画に沿って調理すると効率がよいことを理解できるようにします。

調理に用いる食品としては，日常生活で手に入りやすく調理の基礎を学ぶ上で適切な，米，野菜，いも類，卵などを扱います。生の魚や肉は，衛生的な取扱いが難しいので小学校では扱いません。食物アレルギーを有する児童がいる場合は，事故のないよう細心の注意を払います。

ワークシート・資料

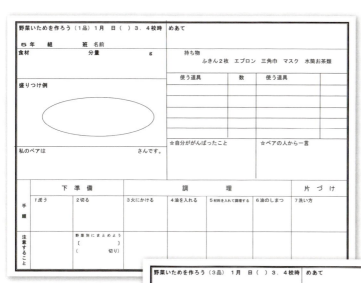

1品の野菜いため づくりのカード

100gの野菜の量と野菜いための手順や火加減・味付けを記入し,自分で確認できるようにする。

3品の野菜いため づくりのカード

3品を組み合わせるため,野菜の切り方をそろえることや固い野菜からいためることを自分で確認できるようにする。

B 衣食住の生活

分量をつかませるための手立て

1食分に必要な野菜の量,約100gを写真にして掲示。組み合わせる場合は,量の調節をする。

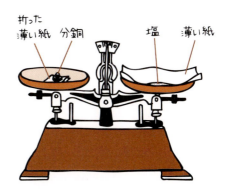

調味料の分量の感覚をつかませるためには上皿天秤を使って計量させてみるとよい。

47

B ２ 調理の基礎

㋐(イ) 次のような知識及び技能を身に付けること。

❶調理に必要な用具や食器の安全で衛生的な取扱い及び❷加熱用調理器具の安全な取扱いについて理解し,適切に使用できること。

> ○ キーワード
> ≫ 用具や食器の安全で衛生的な取扱い
> ≫ 加熱用調理器具の安全な取扱い

B ２ ㋐(イ) 学習指導要領を ハヤヨミ

❶調理に必要な用具や食器の安全で衛生的な取扱い

包丁の安全な取扱いと食器やまな板,ふきんの衛生的な取扱いについて理解し,適切に使用できるようにします。例えば,包丁は相手に刃を向けて渡さないようにし,置く場所や置き方を工夫することや,まな板は水でぬらし,ふきんでふいてから使うこと,ふきんと台ふきんを区別して使うことなどについて理解し,適切にできるようにします。

❷加熱用調理器具の安全な取扱い

実習で使用する加熱用調理器具の特徴が分かり,火傷の防止などに留意して,安全な取扱いができるようにします。また,加熱の仕方と関連させた火力について理解し,火力の調節ができるようにします。例えば,加熱用調理器具の取扱いについて,ガスこんろでは周囲に燃えやすいものを置いていないか,換気をしているか,使用後に器具栓を閉めているかなどを確認できるようにします。IHクッキングヒーターでは,トッププレートに鍋やフライパンなどの用具以外のものを置いていないか,使用後に電源を切ったかを確認できるようにします。その際,IHクッキングヒーターでは,使える鍋などの形状や材質が機種によって異なるので,適切な鍋などを準備します。

よくわかる 解説

家庭や住宅事情等により,家庭科の調理で始めて包丁やガスこんろを扱う子どもたちが増えています。実習を安全に行うためには,調理用具や食器,加熱用調理器具等の安全で衛生的な取扱いについて,最初の段階で確実に指導する必要があります。特に,切った野菜を移したり包丁を洗うときや,加熱後の盛りつけやフライパンを洗うときに,怪我や火傷をすることがあります。ふきんと台ふきんを区別せずに食器をふいたり,ふきん等で手をふくことがあります。常に安全管理・事故防止に努めることが大切です。

考えられる実践

活動・題材例 1

● お茶を飲もう

こんろを使い、お湯をわかして、お茶を飲む。
① 自分の家にあるガスこんろを発表する。
② ガスこんろの安全に留意しながら、湯をわかして、お茶を入れてみる。
　(1) ガスこんろの使い方を調べる
　(2) 1人ずつ交代で点火と消火を経験する
　(3) 家庭科室のガスこんろを使って、湯をわかす
　(4) 湯をわかして気付いたことを付せんに書き、学習カードに貼る
　　（ガスこんろのこと、火の調節、やかんの様子、わいてきた時の様子）
③ お茶を入れて、試飲する。
④ 振り返りをする（感想をまとめ、振り返りをする）。

B 衣食住の生活

■ガスこんろの安全留意点

・こんろのまわりに燃えやすいものを置かない。
・部屋の換気に注意する。
・確実に着火したか、また火を消したかを確かめる。

・火がついている間は、こんろのそばを離れない。　など

活動・題材例 2

● 包丁の安全な扱い方に慣れさせるための学習

① 包丁の安全な取り扱い方を学習…説明の後、グループに分かれて練習
・調理台までの運び方　・友だちへのわたし方
・洗い方　・保管のしかた
② 包丁の正しい使い方を学習（代替物を使ってシミュレーション）
・持ち方　・切り方　・ねこの手…グループ相互評価
③ 包丁の正しい使い方の練習（包丁を使いシミュレーション）
・持ち方　・切り方　・ねこの手…グループ相互評価
④ 野菜サラダづくり
・包丁の持ち方　・材料に合った切り方　・ねこの手
・トマト（くし切り）、キャベツ（せん切り）、きゅうり（ななめ切り、輪切り）

B ② 調理の基礎

キーワード

⑦(ウ) 次のような知識及び技能を身に付けること。
❶材料に応じた洗い方, ❷調理に適した切り方, ❸味の付け方, ❹盛り付け, ❺配膳及び❻後片付けを理解し, 適切にできること。

≫ 材料に応じた洗い方

≫ 調理に適した切り方

≫ 味の付け方, 盛り付け, 配膳, 後片付け

B ② ⑦(ウ) 学習指導要領を ハヤヨミ

❶ 材料に応じた洗い方

食品の種類や調理の目的に応じた洗い方について理解し, 適切にできるようにします。例えば, ほうれん草等の青菜は根や柄の付け根, 葉のひだの部分に泥が付いている場合が多いことが分かり, 水中で振り洗いをした後, 流水で洗うことができるようにします。特に, 生で食べるものは, 衛生に留意して流水でよく洗うことができるようにします。

❷ 調理に適した切り方

包丁を使って切ったり, 皮をむいたりすることができるようにします。また, 形や大きさを整えることにより, 熱の通りをよくしたり味をしみ込みやすくしたり食べやすくしたりするなど, 目的に合わせた切り方について理解し, 適切に切ることができるようにします。なお, 初めのうちは, 児童が扱いやすい野菜などを用いて, 包丁の使い方に慣れさせるようにします。

❸ 味の付け方

食塩, しょうゆなどの塩味による味付けを中心として扱い, 同じような料理でも味の付け方によって, 味わいが違い, おいしく食べられることが分かるようにします。特に食塩は, わずかな量の違いで味の濃さが異なることから, 味見をするなどして, 味を整えることができるようにします。

❹ 盛り付け

どんな食器にどのように盛り付けるか, 一人分ずつ盛り付けるか一皿にまとめて盛り付けるかなど, その相手や目的に応じて工夫するとよいことが実感的に分かり, 料理の分量や色どり, 食べやすさを考えて, 盛り付けることができるようにします。また, 盛り付けによって, 同じ料理でも食欲を喚起し, 食事を楽しくするための雰囲気作りに役立つことに気付くようにします。

❺ 配膳

米飯及びみそ汁, はしなどを配膳する際には, 我が国の伝統的な配膳の仕方があることが分かり, 適切に配膳できるようにします。

❻ 後片付け

計画的に行うことの必要性が分かり, 衛生的で環境に配慮した後片付けについて理解し, 適切にできるようにします。環境に配慮した後片付けについては, 調理をすること

によって出たごみや残菜，油などを排水口に流さないようにしたり，適切に分別したりできるようにします。また，水や洗剤を必要以上に使用しないように，汚れを余り布や古紙などで拭き取ってから洗うようにします。さらに，仕事の能率だけでなく，次に使用する場合を考えて扱ったり，保管したりすることの大切さについても気付くようにします。

よくわかる解説　調理に必要なそれぞれの調理操作について理解し，適切にできるように指導します。例えば，食品や汚れに応じて洗い方を変えたり，熱の通りやすさや食べやすさなどを考えて，切り方を変えることができるようにします。調理操作だけでなく，なぜそうするのか理由を伝えると，子どもたちの応用範囲を広げることができます。盛り付けや配膳の仕方は，調理の目的とも関係します。後片付けでは，次に使いやすいように片付けるだけでなく，環境への配慮も大切です。

指導にあたっては

　洗い方や切り方を示範する場合には，実物投影機やタブレット端末等の情報機器を活用して，手元がよく見えるよう配慮する。また，盛り付けや配膳については，B(1)のイと関連させ，学校給食の時間を活用して効果的な指導が行われるよう配慮する。
　この学習では，C(2)「環境に配慮した生活」と関連を図るようにする。

考えられる実践

活動・題材例 1

●エコクッキングに挑戦

大根を丸ごと使おう　一葉っぱもゆでて使い切る

葉部……ゆでで刻んでごはんに混ぜる
　　　　油揚げやちりめんじゃこと
　　　　　油いために
青くび部…生でサラダに
中央部…ふろふき大根や煮物に

先端部…辛味成分が多いので，
　　　　大根おろしや薬味に
皮…油でいため，きんぴらに
使い切れないときは新聞紙に
包んでおく

●野菜のごみを出さない切り方の例

キャベツ
芯を捨てるとごみとなる。芯は切り分けたら，細かく切って使う。

ほうれんそうやこまつな
くきは捨てずに使い，根だけを落とす。

B ② 調理の基礎

○ キーワード
- ゆでる調理
- 青菜とじゃがいも
- いためる調理

㋐(エ) 次のような知識及び技能を身に付けること。
❶材料に適したゆで方,❷いため方を理解し,適切にできること。

B ② ㋐(エ) 学習指導要領をハヤヨミ

❶材料に適したゆで方

硬い食品を柔らかくするなど,食べやすくおいしくするために目的に応じたゆで方があることを理解し,適切にゆでることができるようにします。ゆでる食材として青菜やじゃがいもなどを扱い,水からゆでるものと沸騰してからゆでるものがあることや,ゆでることによってかさが減るものは,多くの量を食べることできるなどの調理の特性を理解できるようにします。また,じゃがいもの芽や緑化した部分には,食中毒を起こす成分が含まれているので取り除く必要があることについても触れるようにします。

❷材料に適したいため方

フライパンなどで油を使い,かき混ぜながら加熱し,目的に応じたいため方があることを理解し,適切にいためることができるようにします。また,いためる調理においては,調理の目的によっていためる時間や火力に違いがあることが理解できるようにします。例えば,野菜を弱い火力でいためると調理時間も長くなり水っぽくなることに気付くようにします。

また,幾つかの材料を組み合わせて調理し,材料に応じて切り方を変えたり,火の通りにくいものから順に加熱したり,あらかじめゆでたものをいためたりすることなどについても触れます。なお,油でいためることにより風味が増すことについても理解できるようにします。

よくわかる解説

材料に適したゆで方では,一部題材が指定されました。青菜やじゃがいもなどのゆで方を通して,水からゆでるあるいは沸騰してからゆでるものがあることや,青菜は加熱によってかさが減ることを理解できるようにします。材料に適したいため方では,高温で短時間加熱のため,材料の加熱されやすさに応じて,切り方や加熱の順序を工夫する必要があります。いずれも,平易なものから材料や調理法を組み合わせたものへと,2年間にわたり段階的に学習できるように計画し,観察や実験を通して食品の変化についての理解を深めるようにします。

指導にあたっては

実習や実験を取り入れ，ゆで方，いため方の手順の根拠について考えることができるよう配慮する。その際，観察して気付いたことを実感をもって言葉で表現する活動を取り入れるようにする。例えば，ゆで方について，食品の変化を実感させるために，野菜やいも類，卵などについてゆで時間を変えて実験を行い，硬さ，色，味などを観察する活動などが考えられる。

考えられる実践

活動・題材例 1

●ゆでたものとの比較

ほうれん草などの葉物をゆでるところと，いもをゆでるところを見せることで，沸騰してからゆでるものと水からゆでるものがあることに気付くことができる。また，ゆでる手順，ゆで時間やゆでる時の注意を全員で確かめることができる。

「家庭でのゆで方を調べてこよう」という課題を出すと，児童は野菜によってゆで方・取り上げ方・ゆで時間・手順などに違いがあることがわかり，意欲的に調べ学習に取り組むことができる。

また，100gの生のほうれん草と100gのゆでたほうれん草を比べてみることで，「かさ」の違いに気付かせることができる。児童からは，「野菜が縮んじゃった」とか「こんなに減るんだ」という驚きの声が聞かれる。

活動・題材例 2

●いためる調理

「いためる調理」では，火加減や加熱時間が大切である。野菜は強火で短時間に調理することや，スクランブルエッグはかきまぜながら弱火で調理するなど，いためる調理の目的によって手順や火加減などが違う。計画を立てる時に手順を調べるのは大事だが，その際に落としてはいけないこととして，
・切り方
・火加減
・味付け
の3ポイントはチェックして記入させるようにする。料理のレシピを参考にする児童も3つのポイントを考えさせながら，オリジナルの計画表となるようにするとよい。

B 衣食住の生活

B ② 調理の基礎

㋐(オ) 次のような知識及び技能を身に付けること。

❶伝統的な日常食である米飯及びみそ汁の❷❸調理の仕方を理解し,適切にできること。

キーワード
- 伝統的な日常食
- 米飯
- みそ汁
- だし

B ② ㋐(オ) 学習指導要領をハヤヨミ

❶伝統的な日常食である米飯及びみそ汁
　米は,我が国の主要な農産物であり,主食として日本人の食生活から切り離すことができない食品であることを理解できるようにします。また,みそは,大豆の加工品であり,調味料として日本人には古くから親しまれている食品であり,それぞれの地方で特徴があるみそが生産されていることや,みそ汁は,日常の食生活では,米飯と組み合わせる場合が多いことを理解できるようにします。

❷米飯の調理の仕方
　米の洗い方,水加減,浸水時間,加熱の仕方,蒸らしなど,硬い米が柔らかい米飯になるまでの炊飯に関する一連の操作や変化について理解し,炊飯することができるようにします。

❸みそ汁の調理の仕方
　だしのとり方,中に入れる実の切り方や入れ方,みその香りを損なわない扱い方などを理解し,みそ汁を調理することができるようにします。なお,みそ汁の実については,いくつかの材料を組み合わせて調理し,材料に応じて切り方を変えたり,火の通りにくい物から順に加熱したりするなどの工夫が必要であることを理解できるようにします。
　和食の基本となるだしについては,煮干しや昆布,かつお節など様々な素材からだしをとることについて触れ,みそ汁にだしを使うことで風味が増すことを理解できるようにします。

よくわかる 解説

　米飯とみそ汁は,我が国の伝統的な日常食であることを理解し,調理できるようにします。米飯については,自動炊飯器による炊飯は対象としません。乾物である米が水を吸収し,加熱によって飯になることや,そのためには正確な水加減と適切な加熱が必要であることを,観察や実習を通して,実感的にとらえられるようにします。みそ汁については,実の切り方・入れ方やみその扱いなどの理解とともに,だしを用いることで風味が増すことについて,実感的にとらえられるようにします。

指導にあたっては

　体験的な活動を通して，なぜそうするのか，手順の根拠について考えたり，観察して気付いたことなどを実感をもって言葉で表現したりする学習活動を取り入れ，理解を深めるよう配慮する。例えば，だしをとって作ったみそ汁とだしのないみそ汁を比較し，だしの役割について話し合う活動などが考えられる。なお，米飯の調理については，自動炊飯器による炊飯は対象としていないが，他の調理を学習するに当たって，1食分の食事として米飯と組み合わせて調理する場合には，自動炊飯器を利用することも考えられる。

B

衣食住の生活

考えられる実践

活動・題材例 **1**

●おいしいご飯の炊き方を調べよう

　日本の伝統的な日常食である米飯の調理に関心をもち，米飯の調理の仕方がわかる。

①米飯の調理について調べてきたことを発表する。

　※前時までに「米の洗い方」などについて調べてくるよう伝えておく。

②米をはかって洗い，グループで吸水させる。

③鍋で米を炊き，蒸らす。時間の経過に伴う米の状態を観察し，火加減，時間について学習カードに記録させる。

④配膳し，試食する。

⑤学習を振り返り，おいしいご飯を炊くための課題を話し合う。

活動・題材例 **2**

●おいしいみそ汁をつくろう

　だしや実の組み合わせ方がわかり，みそ汁のつくり方を理解する。

①おいしいみそ汁に重要なだしについて知る。

　※家庭によって使われているだしは様々であること，今回は煮干しを使っただしをとることを知らせる。その他のだしについても触れる。

②だしと湯のそれぞれにみそを溶かしたものの飲み比べをし，だしのおいしさを感じる。

③煮干しを分解して観察し，どこをだしで使用するかを調べる。

④おいしいみそ汁をつくるための手順を調べ，実の切り方や加熱の仕方を確認し，みそ汁をつくってみる。

⑤おいしいみそ汁のつくり方をまとめ，ご飯とみそ汁の同時調理を行うための課題を見つける。

55

ワークシート

米飯を炊く調理実習のワークシート

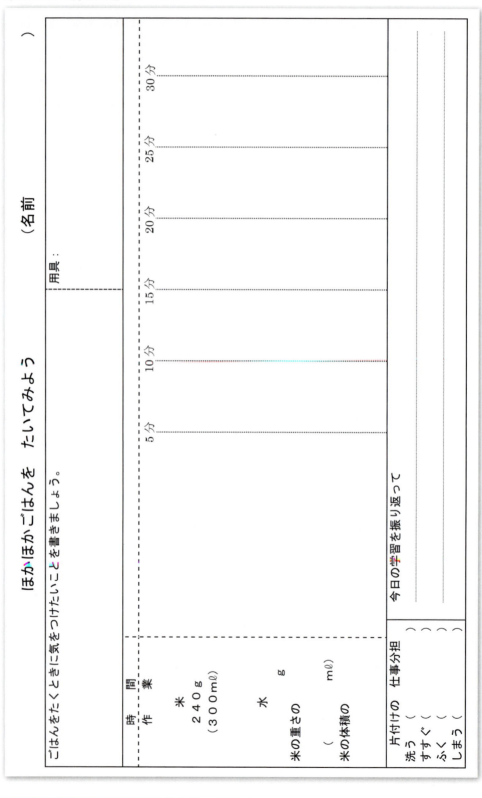

みそ汁の調理実習のワークシート

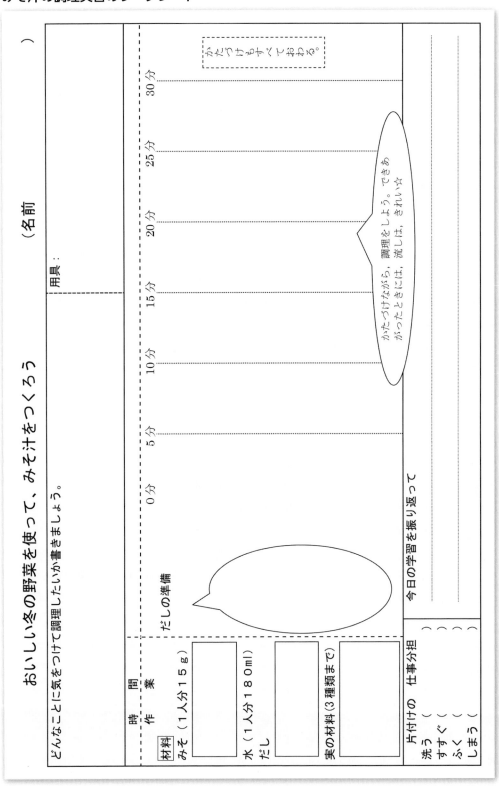

B 衣食住の生活

B ② 調理の基礎

イ おいしく食べるために❶調理計画を考え，調理の仕方を工夫すること。

○ キーワード
» 調理の仕方の工夫
» 調理の仕方や調理計画などについての課題の解決

B ② イ 学習指導要領をハヤヨミ

ここでは，基礎的な調理についての課題を解決するために，アで身に付けた基礎的・基本的な知識及び技能を活用し，おいしく食べるために，健康・安全などの視点から調理計画や調理の仕方を考え，工夫することができるようにします。

❶調理計画
効率よく作業するために，調理の手順やグループでの協力の仕方，時間配分などについて問題を見いだし，課題を設定するようにします。課題を解決するための方法については，グループで話し合う活動を通して，調理計画が目的に合ったものかどうかなどについて検討できるようにします。

おいしく食べるために，調理の手順や，材料の切り方，加熱の仕方，味の付け方，盛り付けなどの調理の仕方について問題を見いだし，課題を設定するようにします。課題を解決するための方法については，食べる人のことを考えて，材料の切り方，加熱の仕方，味の付け方，盛り付けなどを検討したり，でき上がり時間を考えて手順を検討したりできるようにします。

❷調理の仕方
また，調理計画及び調理の仕方のいずれの場合にも，既習事項や自分の生活経験と関連付けて考え，適切な解決方法を選び，実践に向けて具体的に計画を立てることができるようにします。

調理後の振り返りについては，計画どおりにできたこと，できなかったこと，あるいは実践の中で考え，工夫したことなどを評価し，意見交流などを通して，どのように改善したらよいかを考えることができるようにします。

よくわかる解説

ここでは，児童一人ひとりが，おいしく食べるために調理計画や調理の仕方を考え，工夫できるようにします。「おいしく食べる」とは，自分勝手の好みに調理することではなく，調理の基礎を確実に身に付け，工夫をしながら，適度に調理された料理を作ることができることを意味しています。調理の手順等を考えて調理計画を立てますが，実生活でも活用できるようにするため，一人で調理する場合の計画についても考えることができるようにします。

指導にあたっては

　　調理の仕方を考えて計画を立てたり，実践したことを評価・改善したりする際，グループや学級内で交流するなどの活動を工夫し，児童が考えを広げたり深めたりできるよう配慮する。また，児童が課題を解決できた達成感や，調理する喜びを味わい，次の学習に主体的に取り組むことができるようにする。例えば，米飯とみそ汁，ゆでたりいためたりする調理，それらを組み合わせた朝食などについて，調理計画を考え，調理の仕方を工夫する活動などが考えられる。さらに，学校での学習を家庭での実践として展開し，実生活で活用するために，調理計画においては，一人で調理する場合の計画についても考えることができるよう配慮する。

　　なお，家庭で実践する場合には，児童の家庭の状況に十分に配慮し，家庭との連携を図るようにする。

考えられる実践

⑦ を活用　ゆでたりいためたりを使った調理実習

課題設定

① つくりたい料理について話し合いをする。
　※生の魚や肉は使わないよう伝える。
② 材料や味付けなどつくり方を調べる。

> 課題：安全・衛生・環境に配慮して，おいしく食べるために調理の工夫をしよう。

計　画

① 計画を立てる。
　・つくりたい料理の材料，分量，手順，必要な調理用具，器具などをまとめ，計画を立てる。
② 計画を発表する。
　・クラスで発表させながら，手順や用具・器具の使い方を確認する。

実　践

① 計画にしたがって調理実習。

評価・改善

① 振り返る。
　・調理実習を振り返って，うまくいったことや楽しかったことや反省点など話し合う。
② 家族のために実習計画を立てる。
　・反省をもとに，家族のためにつくる料理の実践計画を立てる。

B ③ 栄養を考えた食事

○ キーワード

㋐(ア) 次のような知識を身に付けること。
❶ <u>体に必要な栄養素の種類と主な働き</u>について理解すること。

≫ 五大栄養素
（炭水化物，脂質，たんぱく質，無機質，ビタミン）

B ③ ㋐(ア) 学習指導要領を ハヤヨミ

❶ 体に必要な栄養素の種類と主な働き

人が生命を維持したり，活動したり，更に成長するために必要な成分を栄養素ということ，食品に含まれる栄養素には，炭水化物，脂質，たんぱく質，無機質，ビタミンがあり，五大栄養素と呼ばれていること，それらは相互に関連をもちながら健康の保持や成長のために役立っていることなどを理解できるようにします。

例えば，炭水化物や脂質は主として体内で燃焼することによりエネルギーに変わり，体温の保持や活動のために使われること，たんぱく質は主として体をつくるのに役立つが，エネルギー源としても利用されること，無機質については，カルシウムなどがあり，カルシウムは骨や歯の成分となるが，体の調子を整える働きもあること，ビタミンには体の調子を整える働きがあることが分かるようにします。

栄養素は中学校や高校の家庭科でも学びますね。小学校ではどの程度，教えるとよいのでしょう？

よくわかる解説

ここでは，「栄養を考えた食事」を理解するために，栄養素とは何か，五大栄養素の種類，体の中でどのような働きをしているか，なぜ健康の保持や成長などに必要なのかなどについて理解できるようにします。名称や働きを覚えることに重点を置くのではなく，体に必要な栄養素は食事から摂らなくてはならないので，好きなものだけを食べるのではなく，栄養を考えて食事をとる必要があるということが分かるように配慮します。

指導にあたっては

　名称や働きを覚えることだけに重点を置くのではなく，体に必要な栄養素を食事によってとっていることに気付き，栄養を考えて食事をとることの大切さが分かるよう配慮する。例えば，B(3)のア(イ)の事項との関連を図り，日常食べている食品に主に含まれる栄養素の種類や働きを調べて発表したり，栄養を考えて食事をとるにはどうしたらよいかを話し合ったりする活動が考えられる。

　この学習では，理科の第5学年における植物の種子の中の養分に関する学習で扱うでんぷんとの関連を図り，でんぷんは炭水化物の一つであることに触れることも考えられる。

考えられる実践

活動・題材例 1

●給食のひみつを知ろう～元気のもとは何かな？～

　栄養素やその種類である五大栄養素について知り，体内での働きや含まれる食品について身近な例を取り上げてわかるようにする。

① 給食の献立をもとに料理に使われている食品を書き出す。
　・献立表をもとに，主な食品を書く。
② 食品には様々な栄養素が含まれていることを知り，栄養素とは何かをまとめる。
　・このとき「栄養」ではなく「栄養素」という名称を使う。
③ 五大栄養素を中心に，その名称と働き，含まれている食品等について知る。

| 炭水化物 | 脂質 | たんぱく質 | 無機質 | ビタミン |

| エネルギーになる | 体をつくる | 体の調子を整える |

④ 共通課題として給食を取り上げた後，家庭での食事についても考える学習に発展させることもできる。
　・そのときは，個人のプライバシー等に十分配慮する。

■給食のこんだてと使われている食品の例

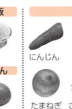

B ３ 栄養を考えた食事

⑦(イ) 次のような知識を身に付けること。
❶食品の栄養的な特徴が分かり，❷料理や食品を組み合わせてとる必要があることを理解すること。

> **○ キーワード**
> ≫ 食品の栄養的な特徴
> ≫ 組み合わせてとる必要性

B ３ ⑦(イ) 学習指導要領を ハヤヨミ

❶ 食品の栄養的な特徴

食品に含まれる栄養素の特徴により，「主にエネルギーのもとになる」，「主に体をつくるもとになる」，「主に体の調子を整えるもとになる」の三つのグループに分けられることが分かり，日常の食事に使われる食品をグループに分類することができるようにします。

例えば，「主にエネルギーのもとになる」グループの食品には，米や麦，油などがあり，主に炭水化物や脂質が多く含まれること，「主に体をつくるもとになる」グループの食品には，魚，肉，卵，大豆，牛乳などがあり，主にたんぱく質が多く含まれること，牛乳にはたんぱく質のほかに無機質であるカルシウムも多く含まれること，「主に体の調子を整えるもとになる」グループの食品には，野菜や果物などがあり，主にビタミンや無機質が多く含まれることを理解できるようにします。

❷ 料理や食品を組み合わせてとる必要があること

栄養素には多くの種類があり，健康の保持や成長のためにはそれらの全てを摂取しなければならないが，1種類の食品で全ての栄養素を必要量含んでいるものはないので，料理や食品を上手に組み合わせてとる必要があることを理解できるようにします。また，「主にエネルギーのもとになる」，「主に体をつくるもとになる」，「主に体の調子を整えるもとになる」の三つのグループの食品を組み合わせたり，主食，主菜，副菜などの料理を組み合わせたりすることにより，栄養のバランスがよい食事になることを理解できるようにします。

よくわかる 解説

ここでは，日常の食事に使われる食品が，それぞれの食品に含まれる主な栄養素の体内での働きによって，3つのグループに分類できることを理解できるようにします。また，栄養素をバランス良くとるためには，料理や食品を組み合わせた食事にする必要があることを理解できるようにします。食品とそれに含まれる主な栄養素，その栄養素の働きについて，イメージがつながる指導が大事です。中学校での日本食品標準成分表や食事摂取基準，食品群別摂取量のめやすの学習につながる内容です。

指導にあたっては

食品をグループに分けることについて、食品には複数の栄養素が含まれていることから、必ずしもいずれかのグループに厳密に分類しなくてもよい場合もあることに配慮する。例えば、日常の食事や給食に使われている食品や実習で使った食品を調べてグループ分けする活動などを通して、多くの食品を食べていることを実感したり、食品の栄養的な特徴が分かるようにしたりする活動などが考えられる。

考えられる実践

活動・題材例 1

●食品調べとグループ分け

毎日の食事や食事に使われている食品に関心をもち、食品の栄養的な特徴や体内での主な働きがわかるようにする。
① 給食の献立表や食事調べカードをもとに、毎日食べている食品を調べる。
② どうしていろいろな食品を食べるのか考えたり、栄養教諭の話を聞いたりする。
③ 体内での主な働きにより、食品を3つのグループに分ける。
④ 自分の食事を振り返り、気付いたことをまとめる。

「毎日の食事でどんなものを食べているのか調べてみよう」の板書

手づくり食品カードをつくったり、市販の「食品・栄養かるた」（開隆堂発行）を使ったりして、食品の分類をゲーム感覚で学習する様子。箱に食品の分類表を貼ったものを用意し、一つひとつの食品を工作用紙に貼り付けたものを収納できるようにする。（右上写真）かるた遊びをして、食品を分類するときに役立てる。（右下写真）

B 衣食住の生活

B ③ 栄養を考えた食事

キーワード
- 主食，主菜，副菜
- 献立作成の方法
- 栄養バランスの確認

(ア)(ウ) 次のような知識を身に付けること。
❶ 献立を構成する要素が分かり，
❷ 1食分の献立作成の方法について理解すること。

B ③ (ア)(ウ) 学習指導要領をハヤヨミ

❶ 献立を構成する要素
　主食，主菜，副菜を扱い，これらの組合せで1食分の食事が構成されていることが分かるようにします。また，主食には「主にエネルギーのもとになる」食品，主菜には「主に体をつくるもとになる」食品，副菜には「主に体の調子を整えるもとになる」食品が多く含まれているので，主食，主菜，副菜を組み合わせることで，三つのグループの食品がそろった1食分の献立となることを理解できるようにします。

❷ 1食分の献立作成の方法
　主食，主菜，副菜などの組合せを考え，それぞれの料理に含まれている食品を三つのグループに分けて栄養のバランスを確認し，必要に応じて料理や汁物の実などを工夫すればよいことが分かるようにします。献立作成においては，主に栄養のバランスを中心に考えますが，色どりや味のバランスについても気付くようにします。このほかに，好みや季節，費用などの観点が考えられますが，ここでは料理や食品の組合せに重点を置くこととします。

よくわかる解説
　新しい学習指導要領では，献立の構成する要素として，主食，主菜，副菜を扱うことになりました。主食，主菜，副菜に使われる食品の栄養的な特徴から，これらを組み合わせることで3つのグループの食品がそろった献立となることが理解できるようにします。自分で考えた献立の栄養バランスを確認するためには，3つのグループの食品が含まれているかを確認すればよいことが理解できるようにします。量的な把握については，中学校で1日分の食事として摂取する食品の概量を学習します。

指導にあたっては

米飯とみそ汁を中心とした1食分を扱い，具体的に献立作成の方法が理解できるように配慮する。例えば，主菜，副菜を例示の中から選択し，献立に含まれる食品を三つのグループに分けて栄養バランスを確認する活動などが考えられる。また，学校給食の献立などの身近な献立を調べる活動を通して，主食，主菜，副菜の組合せにより，栄養のバランスがよくなることに気付き，組み合わせることの大切さが分かるよう配慮する。

考えられる実践

活動・題材例 1

● 朝食に合うおかずづくり

朝食に必要なことを考え，栄養のバランスを考えたおかずを決め，調理実習をする。
① なぜ朝食を食べたほうがよいか考える。
② 朝食づくりに合った材料，調理方法を考え，おかずを決める。
③ 栄養のバランスが整っているか，食品を分類し，確かめる（②の修正）。
④ 調理実習で，実際につくってみる。

活動・題材例 2

● 栄養バランスのとれた献立の工夫を発表

1食分の献立を立てさせ，材料の食品を体内での主なはたらきによる3つのグループに分けて，食事の栄養的なバランスがとれているか確かめる。ご飯に合うおかずを決めてから，どんなものを足せば栄養のバランスがよい食事になるかを考えさせると，献立が立てやすい。
献立ができたら，その工夫について，発表させる。

教科書に掲載されている調理例や料理カードなどを参考に，右の写真に入れるおかずを考えてみよう。みそしるの実も考え記入してみよう。
主食　（　　　　ご飯　　　　）
おかず(主菜:　　　　　　　)
　　　(副菜:　　　　　　　)
みそ汁の実(　　　　　　　)

B 衣食住の生活

65

B ③ 栄養を考えた食事

イ ❶ 1食分の献立について栄養のバランスを考え,工夫すること。

○ キーワード
》 1食分の献立の工夫
》 食事内容についての課題の解決

B ③ イ 学習指導要領をハヤヨミ

ここでは,栄養を考えた食事についての課題を解決するために,アで身に付けた基礎的・基本的な知識を活用し,健康などの視点から,栄養のバランスを考え,1食分の献立を工夫することができるようにします。

❶ 1食分の献立

児童の日常の生活の中から,1食分の食事内容について問題を見いだし,課題を設定するようにします。献立の改善方法については,料理カードやデジタル教材を参考にしたり,自分が考えた献立の工夫について発表したりするなどの活動を通して,栄養のバランスを考慮した(1食分の)献立について検討することができるようにします。その際,既習事項や自分の生活経験と関連付けて考え,適切な改善方法を選び,具体的に考えることができるようにします。

献立作成の振り返りについては,献立作成で考えたことや工夫したことなどを評価し,発表し合う活動などを通して,どのように改善して生活に生かしたらよいかを考えることができるようにします。

指導事項イはアの活用になりますね。どのような知識・技能を活用して,献立を考え,工夫したらよいでしょう。

よくわかる解説

ここでは,児童一人ひとりが,栄養のバランスを考えた1食分の献立を考え,工夫することができるようにします。1食分の献立は,米飯とみそ汁を中心としたものを扱います。ア(ウ)で学習した知識を用いて,栄養バランスを確認し,献立の改善ができるように指導します。小学校では,肉や魚を扱わず加熱方法も限られますので,児童の考えた献立すべてを調理することは求めていません。この学習を通して,日常生活で実践しようとする態度を育てることも大切です。

指導にあたっては

1食分の献立を考える際，グループや学級内で交流するなどの活動を工夫し，児童が考えを広げたり深めたりできるよう配慮する。また，日常生活において活用できるよう配慮する。なお，食事調べなど児童の家庭の食事を取り上げる場合は，プライバシーに十分配慮する。

例えば，調理実習と関連を図り，米飯とみそ汁，ゆでたりいためたりしたおかずにどのような料理や食品を加えれば1食分の献立として栄養のバランスがよくなるのかを考え，工夫する活動などが考えられる。また，遠足・集団宿泊的行事などの際に料理や食品を選んで食事をする機会があれば，関連を図って料理や食品をどのように組み合わせて食べたらよいのかを考え，工夫する活動などが考えられる。

考えられる実践

⑦を活用　バランスのよい1食分の献立を考えよう

課題設定

● 主食，汁物，おかずの組み合わせが献立となること，既習の料理を例にとって，組み合わせバランスの良い献立を立てることを確認する。

> 課題：既習の料理と組み合わせ，栄養バランスを中心とした一食分の献立を考えよう。

計　画

① 各自が食品，調理の仕方，調味の工夫を考え，班で話し合う。
② これまで実習した料理を例にとり，調理法などを確認する。
　☆食品→魚，肉，大豆など
　☆調理法→ゆでる，焼く
　☆調味→しょうゆなど
③ どのような工夫をしたのか，発表する。
　・足りない栄養素があった場合は食品や料理を増やす。
　・栄養以外に，季節やいろどりを工夫している発表例を取り上げ，参考にさせる。

実　践

● 献立を修正し，完成させる。
※考えた献立を学校での実習につなげる際には，生の肉や魚を入れないように伝える。

評価・改善

● 互いに発表し合い，参考としていく。
※できるようになったことを生かす視点から，自分の実践につなげられるような献立を奨励する。

B

衣食住の生活

67

調 理 題 材 例

2年間で学ぶ調理実習～調理の基礎・基本から食事づくりへ～

学年	5年				
実習題材	ゆでる調理			ご飯とみそ汁	
	ゆでいも	青菜をゆでる	カラフルゆで野菜サラダ	ご飯	みそ汁
実習例					
材料	じゃがいも,塩	青菜,かつおぶし,しょうゆ	にんじん,ブロッコリー,キャベツ (塩,す,サラダ油,こしょう)	米,水	水,煮干し,油あげ,だいこん,ねぎ
おもな用具	なべ,あなじゃくし	洗いおけ,なべ,菜ばし,ボウル,包丁,まな板	はかり,計量スプーン,洗いおけ,ボウル,ざる,ふきん,台ふき,包丁,まな板,なべ,穴じゃくし,菜ばし,あわ立て器	はかり,計量カップ,ボウル,ざる,なべ,ふきん,しゃもじ	はかり,計量スプーン,計量カップ,なべ,包丁,まな板,ボウル,玉じゃくし
習得する技能	○ガスこんろの安全な使い方 ○いもをゆでる ○青菜をゆでる ○後片付け ○生ごみのしまつ ○水からゆでる	○青菜の根元をよく洗う ○ふっとうした湯で短時間ゆでる ○包丁の安全な使い方	○野菜をよく洗う ○形をそろえて野菜を切る ○フレンチソースをつくる ○生ごみの始末	○米の計量 ○水加減 ○米の吸水 ○火加減の調節 ○むらす	○だしをとる ○実(野菜)をよく洗う ○実を適切な大きさに切る ○実を入れる順序 ○みそを入れるタイミング ○生ごみの始末
指導・支援上のポイント	★身じたくを整え,衛生面に気を付けて作業に取り組むようにする。 ★ガスこんろを安全に操作し,炎の調節ができるようにする。 ★後片付けの仕方や,生ごみの始末ができるようにする。 ★いもがかぶるくらいの水でゆでることができるようにする。	★包丁やまな板を安全に取り扱うことができるようにする。 ★青菜のゆで方や,ゆで時間による変化がわかるようにする。	★材料に合わせた洗い方,切り方,ゆで方を工夫して調理できるようにする。 ★調味料を計量し,ソースをつくることができるようにする。	★日本の伝統的な日常食としてのご飯とみそ汁に関心をもち,配膳ができるようにする。 ★米がご飯になるまでの一連の操作や変化がわかり,ご飯をたくことができるようにする。	★だしのとり方,実の組み合わせ方,材料に合った切り方,入れる順序がわかるようにする。 ★みそを入れたら火をすぐ消すようにする。

68

注記 ＊印の調理は，それぞれの実習題材の中から一つを実習。

6年				
いためる調理		いろいろなおかず		
＊スクランブルエッグ	＊三色野菜いため	＊粉ふきいも	＊ジャーマンポテト	その他の調理例
たまご,牛乳,油(またはバター),塩,こしょう	にんじん,ピーマン,キャベツ,油,塩,こしょう	じゃがいも,塩,こしょう,ブロッコリー	じゃがいも,たまねぎ,ベーコン,油(またはバター)粉チーズ,塩,こしょう	(5年生) こまつなのごまあえ ねぎのすみそあえ ミニトマト入りゆで野菜サラダ ゆでたまごサンド そうめん おにぎり (6年生) 塩焼きそば いろどり弁当 目玉焼き ツナポテトサラダ 野菜の煮物
計量スプーン,ボウル,菜ばし,フライパン	はかり,計量スプーン,洗いおけ,包丁,まな板,菜ばし,フライパン	はかり,洗いおけ,包丁,まな板,なべ,ざる,穴じゃくし	はかり,計量スプーン,洗いおけ,包丁,まな板,なべ,ざる,菜ばし,フライパン	
○フライパンの使い方 ○油よごれの用具・食器の後始末 ○生ごみの始末		○じゃがいもの皮をむく ○大きさをそろえてじゃがいもを切る ○味付けをする ○生ごみの始末		
○たまごをとき,味をつける ○中火・短時間で混ぜながらいためる	○野菜をよく洗う ○材料に合った切り方 ○野菜をいためる順序 ○強火・短時間でいためる ○いろどりよく盛り付ける	○じゃがいもをやわらかめにゆでる ○火加減に注意して粉をふかせる	○じゃがいもを固めにゆでる ○材料をいためる順序 ○油よごれの用具・食器の後始末	
★フライパンを用いて油を使い,短時間でいためることができるようにする。 ★油よごれの用具や食器の後始末ができるようにする。		★じゃがいもの皮むきができるようにする。 ★同じ食品でも,切り方,加熱のしかた,調理のしかた,味のつけ方により,いろいろな料理ができることがわかるようにする。		
★火加減を調節し,適度な固さに調理できるようにする。	★材料の組み合わせ方,切り方,いためる順序を工夫して調理できるようにする。	★じゃがいもがひたる水の分量で火加減を調節し,水からゆでることができるようにする。 ★粉のふかせ方がわかるようにする。	★固めにゆでて,いためる調理法がわかるようにする。	

B

衣食住の生活

69

授業展開例

●みそ汁の調理に関心をもち,みそ汁にだしを使うことで風味が増すことを理解する。

主な学習活動	指導上の留意点
2分 本時のめあてを知る。	● みそ汁の特徴である香りや味に「おいしさのひみつ」が隠れていることを知らせ,このひみつをつかむことで,自分でみそ汁をつくれるようになるという目標をもたせる。
おいしいみそ汁のひみつを探ろう	
8分 A・Bの2種類の液体の飲み比べを行う。 A:みそを湯に溶いたもの B:煮干しだし	● 2種類の液体の正体はここでは伝えない。その際,他の意見に流されないように,観察の時間は話し合わないような場を設定する。
8分 A, Bの味わいを話し合う。 | | A | B | |---|---|---| | 香り（強さ） | | | | 味（強さ） | | |	● 個人の嗜好である「おいしい」「おいしくない」ではなく,香りや味をどう感じるか,などに着目させて話し合わせる。
10分 「A+B」の味わいを予想した後,A+Bの味わいを観察し,だしが入ることでBの風味が増すことを知る。	● それぞれの味わいを合わせると,「おいしさ」がプラスに転じるのか,「マイナス」に転じるのかを予想させてから,A+Bの味わいを観察させる。この際,AとBの合わせる割合が影響するため,教師が行うとよい。 **評価の例** ○みそ汁にだしを使うことで,風味が増すことを理解している。 〈発言,ワークシート〉
7分 Bの液体が「だし」であること,今回使用した「だし」は煮干しだしであることを知り,だしの役割について話し合う。	● だしの素材である煮干しを観察・試食させ,だしのもととなる素材への関心を高める。

主な学習活動	指導上の留意点

5分 教師が用意した煮干し以外のだしの素材を知る。
・昆布（できればカットしていない状態のもの）
・かつお節（削っていない状態）

● 煮干し以外のだしの素材のもとの姿を提示し，様々な素材からだしがとれることに関心がもてるようにする。
● 自分の家庭のだしはなにであるかについて考えさせ，家庭のみそ汁についても関心をもたせる。

5分 学習をまとめ，本時の感想を書く。
おいしいみそ汁のひみつは「だし」にあること。
このだしの入ったみそ汁の味わいに「実」が加わることによって，さらに味わいが広がりそうなこと。

● 次時に，ご飯とみそ汁の調理実習を行うことを伝え，本時で感じた「おいしさ」に実のおいしさを加え，「おいしいみそ汁」をつくることへの期待をもたせる。

評価の例

○ みそ汁の調理に関心をもっている。
〈言動，ワークシート〉
　＊次時の実習と合わせて評価する

B

衣食住の生活

✱ アレルギー保持児童の有無を事前に確認しておく。魚介類アレルギー保持児童がいる場合には，昆布や干ししいたけ等で行うことが考えられる。

✱ だしについては，個々の児童の食経験の差があるため，「おいしい」「まずい」という言葉ではなく，どのような味わいなのかを言語化させる。これについては，個人の感覚のため，A・Bのいずれかが「おいしい」というような結論にはしないことが大事である。また，家庭では「だし入りみそ」や顆粒だし等を使っていることも少なくない。それらを否定するのではなく，本実践では，だしの有無による味わいの違いに焦点を当てたい。

✱ だしを加えたみそを溶かした湯の味わいについては，風味が増すことを実感できるように仕組む。そのため，A＋Bの観察をする際に，温度が下がらないように配慮する。

✱ みそ汁の調理の際には，だしのとり方を理解させるために，使用するだしは共通にした方が望ましい。その際，地域性等を考慮し，適切な素材を扱う。

✱ 「総合的な学習の時間」等を活用して，他のだしについても味わう活動を入れると，日本の伝統食への関心が高まる。

図　本時のワークシートの例

授業展開例

本時の目標
- 献立の立て方の基礎が分かり，自分のこととして考えながら栄養バランスの良い一食分の献立を工夫してつくることが出来る。

主な学習活動	指導上の留意点
事前 事前に家での食事調べを宿題で出しておく。	
① いろいろな国の料理の写真を見て学習のめあてを確認する。	● 「献立」という言葉を確認する。いくつかの食品を調理し，料理と料理を組み合わせることで「献立」になることをおさえる。
一食分の献立が立てられるようになろう	
② 自分の食事の栄養バランスを調べる。 ● 無機質が入っていない ● 野菜が少ない ● 炭水化物が重なっている	評価:自分の食事に関心をもち，問題点を見つけようとしている。 **主体的な学び**
③ 一食分の献立を考える時に栄養バランス以外に気を付けることを考える。 **主体的な学び** ● 量，色どり，味，好み，季節(旬) ● 費用，時間，地産地消	● 栄養バランス以外にも気を付ける点があることに気付かせる。 （家の人に取材してもらってきてもよい） ● 一汁三菜の食事が日本の伝統的な食事であることをおさえる。 （栄養士の先生に話してもらってもよい）
④ 給食の献立を見て，主食・主菜・副菜があることを学習する。 ● 主食…エネルギーのもと ● 主菜…体をつくるもと ● 副菜…体の調子をととのえるもと この3つを組み合わせると，3つのグループの食品がそろった一食分の献立となる。	評価:基本的な一食分の献立の立て方を理解している。 **知識・技能**

主な学習活動	指導上の留意点
⑤ **ミニ栄養士になって一食分の献立を考える。** ● 5年で学習したご飯とみそ汁を中心とした主菜・副菜を考える。 ● 今まで学習した「ゆでる」「いためる」調理法を活用する。 ● 自分が考えた献立の栄養バランスをチェックする。	● 主菜・副菜を考えてから，みそ汁の実を考えるようにする。 　資料：(料理カード) ● 自分の家族のことを考えるように助言する。 ● 献立を考えられない児童には給食の献立も参考にさせる。 評価：一食分の献立を立てることができる 　**知識・技能**
⑥ **自分の立てた献立をグループで発表し合う。** 　**対話的な学び** ● おすすめポイントを中心に話す。 ● 自分の献立に生かせそうなことがないか考える。	● 聞くときには，味付けが重なっていないか，時間がかかりすぎていないか，難しくないかなども考えるようにさせる。
⑦ **アドバイスをもとに献立を見直す。**	評価：自分の考えを分かりやすく伝えたり，友だちとアドバイスをし合ったりして，自分の献立を見直す工夫ができたか。 　**思考力・表現力・判断力等**
⑧ **献立の長所や工夫したことを発表する。** ● 野菜が足りなかったので，オムレツの中にピーマン，ニンジンを入れていろどりをよくした。 　**深い学び** ● 無機質がなかったので，みそ汁の実にわかめを加えた。	
⑨ **献立づくりの振り返りをする。**	● 日常の食事の大切さに改めて気付くようにさせる。 　**学びに向かう力・人間性**

* 評価の例に関しては，1時間で見取る内容が限られているため，授業後のワークシートやテスト等で行う場合も考えられる。
* 本展開例の内容は①〜④45分，⑤〜⑨で60分〜75分ほどの内容である。一食分の献立を考えるのは家庭学習にすることも考えられる。
* 栄養バランスのチェックの際は食品のみとし，調味料は油，バター，みそ，マヨネーズ等に限定すると煩雑にならない。

B 衣食住の生活

B 4 衣服の着用と手入れ

○ キーワード

⑦(ア) 次のような知識及び技能を身に付けること。

❶衣服の主な働きが分かり、❷❸季節や状況に応じた日常着の快適な着方について理解すること。

≫ 衣服の働き
≫ 日常着の快適な着方

B 4 ⑦(ア) 学習指導要領を ハヤヨミ

❶衣服の主な働き　保健衛生上の働きとして，暑さ・寒さを防いだり，皮膚を清潔に保ったり，ほこりや害虫，けがなどから身体を守ったりすることなどが分かるようにします。また，生活活動上の働きとして，身体の動きを妨げず，運動や作業などの活動をしやすくすることなどが分かるようにします。その際，安全の確保や危険の回避のために，目立つ色の上着を着たり，帽子をかぶったりすることなどにも触れるようにします。

❷季節に応じた日常着の快適な着方　暑い季節には汗を吸収しやすい衣服を選んだり，寒い季節には重ね着をしたりすることを理解できるようにします。

❸状況に応じた日常着の快適な着方　生活場面などに応じて，例えば，野外で活動する際，体温を調節するために脱ぎ着ができる衣服を着たり，長いズボンを選んではいたりすることを理解できるようにします。

よくわかる解説　衣服の働きについては，「保健衛生上」や「生活活動上」の働きを小学校で扱い，「社会生活上」の働きについては中学校で扱います。保健衛生上の働きとしては，体温調節や，外敵などから身体を保護することなどについて理解できるようにします。また，生活活動上の働きとしては，身体の動きを妨げずに生活上の活動（運動や作業など）をしやすくすることを，児童の日常生活と関連させながら理解できるようにします。
　季節の変化や生活場面に適した，清潔感のある気持ちのよい衣服の着方や，危険を回避し安全性を確保できる着方について考え，理解できるようにします。

指導にあたっては

　衣服の主な働きについては，日常生活における衣服の着方と関連させて理解できるよう配慮する。例えば，生活の中で場面に応じて着替える理由を考えたり，夏を涼しく冬を暖かく過ごすための衣服の選び方や着方，気温の変化に応じた着方を話し合ったりする活動などが考えられる。また，季節や状況に応じた日常着の着方については，観察や実験を通して具体的に考えられるよう配慮する。例えば，実際に衣服を重ねて着た際の暖かさを調べたり，動作による身体の動きを観察したり，実験を通して布の特徴を調べたりする活動などが考えられる。さらに，夏の涼しい着方と関連付けて日本の伝統的な衣服であるゆかたに触れることも考えられる。

B

衣食住の生活

考えられる実践

活動・題材例 1

●あたたかい着方を工夫しよう

　衣服の着方や働きに関心をもち，あたたかく過ごすための着方を考えたり工夫したりして，目的に合う着方ができる。

① 今日，自分が着てきた衣服の着方は，あたたかい着方かどうか考える。

② あたたかい着方とすずしい着方を比べ，着方の違いを考える。

③ 衣服の形や布の違いであたたかさがどのように異なるか，グループで実験して調べる。

④ 衣服にはどのような働きがあるか話し合う。

⑤ どのようなときにどのような衣服を着ているかを考える。

⑥ 寒いときにどのような衣服を着たらよいか，自分の着方を考える。

活動・題材例 2

●気温や季節に合った着方の実験

　重ね着の効果を確認し，暖かい着方について理解する。

【用具・材料】

・同じ大きさの空き缶2つ，半袖Tシャツ，トレーナー，40℃の湯，温度計

【実験方法】

　一つの缶にはTシャツのみ，もう一つの缶にはTシャツとトレーナーを重ねて巻く。缶に40℃の湯を入れ，5分後・10分後の温度を測る。

【結果】

　Tシャツのほうが，速く温度が下がってくる。

　※暖かい教室の場合，あまり差が出ない。

B ④ 衣服の着用と手入れ

○ **キーワード**

⑦（イ）次のような知識及び技能を身に付けること。

❶日常着の手入れが必要であることや,❷ボタンの付け方及び❸洗濯の仕方を理解し,適切にできること。

≫ 日常着の手入れ
≫ ボタン付け
≫ 洗濯

B ④ ⑦（イ）　学習指導要領を　ハヤヨミ

❶日常着の手入れ

　日常着などの衣服を快適に着るために,それらを大切に扱い,脱いだ衣服を点検し,手入れすることが必要であることを理解できるようにします。その際,ボタンが取れる前に付け直したり,衣服の汚れを落とすために洗濯したりすることが,日常の身だしなみのために必要であることに気付くようにします。また,季節の変わり目には,次の季節にも気持ちよく着るために衣替えを行い,適切に管理することが必要であることにも触れるようにします。

❷ボタンの付け方

　衣服の打ち合わせをとめるために必要であること,また繰り返しとめたりはずしたりするために丈夫に付けることが必要であることを理解し,そのための付け方が分かり,適切にできるようにします。

❸洗濯の仕方

　日常着の洗濯に必要な洗剤,用具及び洗い方などを理解し,洗濯ができるようにします。洗濯には,洗濯物の状態や汚れの点検,洗う,すすぐ,絞る,干すなどの手順があり,それぞれの作業の必要性が分かり,適切にできるようにします。ここでは,手洗いを中心として学習し,電気洗濯機を用いる場合にも,状況によって事前に手洗いする意義に気付くことができるようにします。電気洗濯機については,脱水に使用したり手洗いと比較したりする程度に扱うようにします。さらに,洗剤については,働きなどは中学校で扱うので,量を中心に扱い,洗剤の量を考えた水を無駄にしない洗濯の仕方についても触れるようにします。なお,たたんで収納することについては,B(6)「快適な住まい方」のアの(イ)と関連付けて学習します。

よくわかる解説

　児童が衣服の手入れや管理にほとんど関わっていない現状を考えると，手入れの必要性についてどのように意識させるかが重要になります。手入れの必要性は，例えば，衣服に汚れが付いていたり，ボタンが取れてしまったりして，どのような点で困ったり不便だったりしたかを考え，身だしなみを整える上で大切であることに気付くことができるようにします。また，児童の日常着を取り上げながら，手入れの必要性を実感として理解できるようにし，ボタン付けや，洗濯することにつなげていきます。
　洗濯については，手洗いを中心とし，洗剤の量を考えたり，水を無駄にしない洗濯の仕方を取上げたりして環境に配慮した洗い方を考えるなど，洗濯の基本について学習します。

指導にあたっては

　実験・実習などを通して，実感を伴って理解できるよう配慮する。例えば，日常着のボタンや汚れなどの観察を通して，家族や自分が日頃行っている手入れの仕方について話し合う活動などが考えられる。また，靴下や体育着などの手洗いを通して，水だけの場合や，道具を使った場合の汚れの落ち方，乾きやすい干し方などについて結果を発表し合ったりする活動も考えられる。さらに，A（2）「家庭生活と仕事」のイの学習との関連を図り，家庭と連携し，実践する喜びを味わうことができるよう配慮する。

考えられる実践

活動・題材例 1

●ボタンつけをしてみよう

　ボタンの種類や役目がわかり，ボタンをつけることができる。
① ボタンがついている衣服を観察する。
　　・ボタンの種類　・ボタンの役目　・つけ方　・糸の色
② ボタンのつけ方を調べ，つける。
③ ボタンつけを振り返る。実践化を考える。

活動・題材例 2

●洗った靴下と昨日はいた靴下の比較

　衣服を気持ちよく着るためにはどうすればよいか理解できる。
① 各自が用意してきた洗ってある靴下と昨日はいた靴下を観察（実物を見る，触る，においをかぐ等）し，ワークシートに記入する。
② 各家庭で実践している洗濯について調べてきたことを発表する。
③ 各自が試し洗いをする。
④ 試し洗いの結果や感想を記入し，問題点を明確にする。

B 衣食住の生活

B | 4 衣服の着用と手入れ

○ キーワード

(イ) **❶日常着の快適な着方**や**❷手入れの仕方**を考え，工夫すること。

≫ 日常着の快適な着方

≫ 日常着の手入れの仕方

B 4 (イ) 学習指導要領を ハヤヨミ

ここでは，衣服の着用と手入れについての課題を解決するために，アで身に付けた基礎的・基本的な知識及び技能を活用し，健康・快適などの視点から，日常着の快適な着方や手入れの仕方を考え，工夫することができるようにします。

❶日常着の快適な着方

児童の身近な生活の中から，季節や状況についての問題を見いだし，課題を設定するようにします。課題を解決するための方法については，実際にいろいろな着方を試して，その違いについて調べたり，児童一人一人の生活経験について意見交流したりすることを通して，季節や状況に合わせた快適な着方について検討できるようにします。

❷日常着の手入れの仕方

児童の身近な生活の中から，日常着の手入れに関する問題を見いだし，課題を設定するようにします。課題を解決するための方法については，状況に応じた効果的な手入れの仕方や汚れの度合いに応じた洗い方を試したり，環境に配慮した手入れの仕方や洗い方の工夫を調べたり，A(2)「家庭生活と仕事」と関連させて自分でできることや家族に協力できることを話し合ったりする活動などを通して，手入れや洗濯の仕方について検討できるようにします。

日常着の快適な着方及び日常着の手入れの仕方のいずれの場合にも，解決方法については，既習事項や自分の生活経験と関連付けて考え，適切な解決方法を選び，実践に向けて具体的に計画を立てることができるようにします。

実践の振り返りについては，計画どおりに実践できたこと，できなかったこと，あるいは実践活動の中で考えたことなどを評価し，実践発表会などを通して，どのように改善したらよいかを考えることができるようにします。

よくわかる解説

「保健衛生上」や「生活活動上」の働きという2つの側面から，適切な着方を工夫できるようにします。保健衛生上の着方では，夏を涼しく，冬を暖かくなど，気温や季節の変化及び生活場面などの状況に応じて，清潔で気持ちよく着るための工夫をします。生活活動上の着方では，運動や作業などの生活場面を想定したり，着用して体を動かしてみるなどの学習活動を取り入れたりして，適切な着方を工夫します。

日常着の手入れでは，例えば，手洗いを中心とした洗濯を取り上げ，洗濯の経験の少ない児童に，手洗いで汚れが落ちることなどを実感できるようにします。手洗いは，小物などが簡単に洗えることや，汚れのひどい部分に使うと効果的であることを実感できるようにし，日常生活に生かすことができるよう指導します。

B 衣食住の生活

参考　吸水性と吸湿性の実験

■吸水性（水を吸う性質）

　布の吸水性は，繊維の種類と関連します。綿はよく水を吸うが，羊毛やポリエステルはあまり吸いません。そのため，汗をかいたときはポリエステル素材より綿素材の衣服を着ていたほうが快適です。

　この吸水性の実験には，吸い上げ高さによる方法もありますが，布の上にスポイトで水を1滴たらし，布に吸い込まれる速さを測る方法も簡単にできます。

■吸水性実験の例
（吸う速さを測る方法）
ポリエステル　　綿

■吸湿性（水蒸気を吸う性質）

　布の吸水性と吸湿性は類似した性質ですが，吸水性が液体である水を吸う性質であるのに対し，吸湿性は気体である水蒸気を扱う性質です。人間は絶えず体から水蒸気を発散していますが（これを不感蒸泄といいます），これをよく吸ってくれる綿はほとんど吸湿しないポリエステルより快適です。

　下図は，吸湿性の実験です。準備する物は，ビニル袋，輪ゴム，ハンカチなどの布。一方の手はそのままビニル袋に入れ，輪ゴムで止めてしばらく経つと，手の感触の違いから吸湿性があるかどうかを実感できます。この実験は経費がかからないこと，短時間で結果がでること，準備や手順が容易なこと，児童が実感できること，綿（ハンカチなど）やポリエステルなどいろいろな組み合わせができることなどから，教材として活用できます。

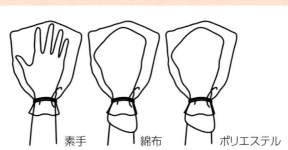

■吸湿性実験
　の例
素手　　綿布　　ポリエステル

指導にあたっては

解決方法を考え，計画を立てたり，実践したことを評価・改善したりする際，グループや学級内で交流するなどの活動を工夫し，児童が考えを広げたり深めたりできるよう配慮する。また，児童が課題を解決できた達成感や，実践する喜びを味わい，次の学習に主体的に取り組むことができるようにする。

日常着の快適な着方については，例えば，夏を涼しく，冬を暖かく過ごすための着方を取り上げて，児童が考えた実験を通して比較したり，野外活動を取り上げて，山登りなどの活動や気温の変化に応じた着方を検討したりして，快適な着方について考え，工夫する活動などが考えられる。

日常着の手入れの仕方については，例えば，身近な衣服の手洗いを取り上げて，洗剤の量，水の温度，洗い方などによる比較を通して，効率的な洗い方について考えたり，干し方を変えて衣服の形の変化を比べてみたりして，手洗いの仕方を見直して工夫する活動などが考えられる。

さらに，児童の家庭の状況に十分配慮し，学校での学習を家庭での実践として展開できるようにする。

考えられる実践

㋐を活用 暑い季節を快適に過ごす着方

課題設定
- あたたかい着方の学習と対比させ，夏のすずしい着方を考える。

  課題：どうしたら，暑い季節を快適に過ごせるだろう。

計　画
- 暑い季節を気持ちよく過ごすための衣服の着方を考える。
  - えりやそで口が開いた形
  - 布地の色

実　践
- 布による空気の通しやすさや，色による温度の違いなど実験して調べてみる。
  - 送風機で風を送り比較する。
  - 白と黒の布を腕に巻いて，日光にあてて比較する。

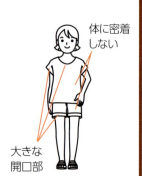

評価・改善
- 実験の結果，わかったことや生活に生かすことなど，衣服をすずしく着る方法について話し合う。

考えられる実践

⑦を活用 身近なものを洗濯してみよう

課題設定
- これまでの学習を生かして,洗濯をしてみよう。
  ※扱うものは,靴下,Tシャツ,体操着など身近なもの

  課題：手洗いで洗濯してみよう。

計画
- 洗濯の実習計画を立てる。
  - 洗う物の汚れの点検
  - 取扱い表示の確認
  - 洗う物の重さ
  - 水と洗剤の量
  - 洗い方
  - すすぎ方
  - 絞り方
  - 干し方

■いろいろな洗い方

もみ洗い

つまみ洗い

おし洗い
・布地に合わせて洗う

実践
- 実習計画に沿って洗濯をする。
  - 身支度をする
  - 用具を準備する
  - 洗濯液をつくる
  - 洗う
  - 絞る
  - すすぐ
  - 絞る
  - 干す
  - 後片付けをする

※洗濯液だけでは落ちにくいときは,さらに固形せっけんを使って洗ってみることをアドバイスする。
※実習中は床に水が落ちることや床が滑りやすくなることも想定される。実習中の動線をよく考え,安全に留意して実習を進める。
※乾かした洗濯物をいつごろ取り込むのか確認する。

評価・改善
① 洗濯をして気付いたことや,感じたことを記録し,発表する。
② 気付いたことを家庭生活に生かすようにする。

B 衣食住の生活

B 5 生活を豊かにするための布を用いた製作

㋐(ア) 次のような知識及び技能を身に付けること。

❶製作に必要な材料や手順が分かり、❷製作計画について理解すること。

○ キーワード
》製作に適した材料
》製作手順
》製作計画

B 5 ㋐(ア) 学習指導要領をハヤヨミ

❶製作に必要な材料や手順

材料の布は、しるしが付けやすい、裁ちやすい、ほつれにくい、縫いやすいなど、児童が扱いやすく、丈夫さなどの性質を考え、製作する物の目的や使い方に応じて適したものを選ぶ必要があることを理解できるようにします。また、布の性質に適した糸や製作する物に応じて準備する材料についても触れるようにします。さらに、布には、様々な色や柄があり、しなやかに物の形や動きに沿ったり、繰り返し洗ったりできる性質があることに気付くことができるようにします。

製作手順として、計画, 製作の準備, 製作, 仕上げ, 片付けといった作業の流れがあり、効率や安全のために作業の順番を決める必要があることを理解できるようにします。製作の準備作業としては、布を裁ち、縫う線にしるしを付けたり、まち針で布と布をとめたり、しるしを合わせたりすることなどがあり、仕上げの作業としては、縫った後に縫い目を整えたり、糸の始末をしたり、アイロンをかけたりすることなどがあることを理解できるようにします。

❷製作計画

製作する物の目的に応じて、どのような機能があればよいのかを踏まえ、形や大きさを考えることが必要であることが分かるようにします。また、布の形や大きさを決めることについて、でき上がりの寸法に縫いしろ分を加えたり、余裕をもって覆ったり出し入れしたりするためのゆとりの分量を考えたりする必要があることが分かり、その見積もり方を理解できるようにします。例えば、不織布などを使って考えたり、必要な寸法を計ったり、又は既にある物を観察したりするなどの方法が考えられます。

製作の指導には自信がないな。製作品を決める際には、どんなことをポイントにおくとよいでしょう。

よくわかる解説

製作に適した材料については，扱いやすいことや丈夫であること，製作する目的や使い方に適したものを選ぶ必要性を理解できるようにします。また，布を用いた作品を製作するに当たっては，自分の製作品の完成した姿と完成に至るまでの手順や，材料・用具などを，具体的に考えられるようになることが大切です。

製作品は，袋などの題材を扱い，ゆとりや縫いしろの必要性を理解できるようにします。製作計画では，誰がどのように使用するのかを考えたり，児童が自分の生活場面にあてはめて活用することを具体的に考えたりすることによって，製作品に必要な機能を児童自身が理解できるようになることが大切です。

指導にあたっては

布や布で作られた物に対する関心を高めたり，でき上がりを具体的に思い描いたりして，製作への意欲をもたせるよう配慮する。例えば，布で作られた物のよさに気付くために日本で昔から使われているふろしきや手ぬぐいを用いて布の特徴や使い方を考える活動などが考えられる。

また，製作手順の根拠について考え，製作の見通しをもつことができるよう配慮する。例えば，布製品の実物を観察して製作手順を考えたり，段階見本等を用いて確かめたりする活動などが考えられる。

考えられる実践

活動・題材例 1

●実物で確かめる

製作品を検討する際には，市販の製作品や家庭で実際に使用している物など，児童の身の回りにある多くの布製品を知ることや，形や布，デザインや縫い方など，製作の際のポイントを理解できるようにすることが大切である。例えば共通教材を準備して意見を出し合い，ポイントを意識できるような場面の設定がある。考えを出し合い協議することで，児童は自分の製作品についても根拠をもって判断できるようになる。

活動・題材例 2

●製作計画

製作が始まると，児童は作品を完成させることに夢中になりがちだが，製作計画の必要性を理解することも大切である。例えば，製作計画や製作品に必要な条件を考える場面では，縫いしろやゆとりをとらずにつくった袋や，洗濯していない状態の布と洗濯を繰り返して行った布の違いなどが分かる資料を準備しておくことで，児童は完成後の活用の仕方ともつなげてより現実的な視点から材料や製作方法を検討できるようになる。

B 衣食住の生活

B 5 生活を豊かにするための布を用いた製作

○ **キーワード**

㋐（イ） 次のような知識及び技能を身に付けること。

❶ 手縫いやミシン縫いによる目的に応じた縫い方及び❷用具の安全な取扱いについて理解し，適切にできること。

- 基礎的な手縫い
- ミシンの直線縫い
- 用具の安全な取扱い

B 5 ㋐（イ）　学習指導要領を ハヤヨミ

❶ 手縫いやミシン縫いによる目的に応じた縫い方

　手縫いをするためには，縫い針に糸を通したり，糸端を玉結びや玉どめをしたり，布を合わせて縫ったりする必要があることを理解できるようにします。また，手縫いとして，なみ縫い，返し縫い，かがり縫いなどの縫い方を扱うようにします。これらの縫い方にはそれぞれ特徴があり，縫う部分や目的に応じて，適した手縫いを選ぶ必要があることを理解し，できるようにします。なみ縫いについては，2～3針続けて縫う程度でもよいと考えられます。また，手縫いに用いる糸の適切な長さや扱い方などについても理解できるようにします。

　ミシン縫いについては，丈夫で速く縫えるという特徴や使い方が分かり，直線縫いを主としたミシン縫いができるようにします。ミシンの使い方については，上糸，下糸の準備の仕方や縫い始めや縫い終わりや角の縫い方を考えた処理の仕方など，ミシン縫いをするために必要な基本的な操作を中心に学習します。

❷ 用具の安全な取扱い

　製作に当たって適切な用具を正しく使うことが作業を効率的に進める上で大切であることを理解できるとともに，針，まち針，糸切りはさみ，裁ちばさみ，計測用具，しるし付けの用具など，製作に必要な用具が分かり，安全に十分留意しながら使用することができるようにします。例えば，針類，はさみ類，アイロン，ミシンなどの用具については，慎重な針の扱い，はさみの安全な使い方や渡し方，アイロンの置き方，ミシンの安全な出し入れや移動などにも触れるようにします。この学習では，第3の3(1), (2)にある実習の指導の配慮事項を十分参考にするようにします。

よくわかる解説

　製作品に求められる強度や機能性を実現するために，どのように縫えばよいのかを判断できるようになることが大切です。さらに，基礎的な手縫いの仕方を身に付けるために，練習の機会を設けるなど，作品の完成に必要な基本的な技能を習得できるように支援することが大切です。また，上糸をかける順番や下糸の準備の仕方，針と押さえを下す順番や縫っているときの位置やミシンの速度調整の仕方など，ミシン縫いの基本的な操作を身に付け，ミシンを使って直線縫いなどができるようになることを目指します。
　製作に必要な用具（特に針類，はさみ類，アイロン，ミシンなどの用具）については，安全に十分留意しながら使用できるようにすることが重要です。実習では，危険防止や安全の確認を習慣化できるようにします。

指導にあたっては

　製作過程において，なぜ，そのように縫うのかなど，手順の根拠について理解できるよう配慮する。例えば，製作品の使い方に応じて，丈夫に縫ったり，針目の大きさを変えて縫ったり，ほつれやすい布端を始末したりすることの必要性に気付かせ，製作計画を見直す活動などが考えられる。

　縫う経験が少ない児童には，製作物の見本や製作の順序に応じた標本，試行用の教材などを準備し，自分で課題の解決ができるように学習環境の整備について配慮する。また，製作する喜びを味わいながら手縫いなどの基礎的・基本的な知識及び技能が身に付くよう配慮する。

　用具の安全な取扱いについては，危険防止や安全点検の確認を習慣化できるようにするために，製作の準備から片付けまで，児童一人一人が責任をもって安全に留意して行うことができるよう配慮する。

考えられる実践

活動・題材例 1

●見本を用いて解説する

　縫う経験の少ない児童は，経験の豊富な児童よりも製作の手順や方法などについての知識も少ないことが予想できるので，より丁寧でわかりやすい資料の準備が必要である。
　さらに，児童の学び方，わかり方は様々であることから，製作品の見本や段階標本，分解標本など多様な支援資料を準備し学習環境を整えることで，それぞれの児童の学び方に応じることができるようになる。

B 衣食住の生活

B ⑤ 生活を豊かにするための布を用いた製作

イ 生活を豊かにするために❶布を用いた物の製作計画を考え，❷製作を工夫すること。

> ○ **キーワード**
> ≫ 生活を豊かにする物
> ≫ 製作計画
> ≫ 製作方法

B 5 イ　学習指導要領をハヤヨミ

ここでは，生活を豊かにするための布を用いた製作についての課題を解決するために，アで身に付けた基礎的・基本的な知識及び技能を活用し，健康・快適・安全などの視点から，生活を豊かにするために布を用いた物の製作計画や製作方法を考え，工夫することができるようにします。

❶ 布を用いた物の製作計画

生活を豊かにするための製作を進めるために，製作手順などについて問題を見いだし，課題を設定するようにします。課題を解決するための方法については，同じ課題の児童同士でグループを編成して話し合う活動を通して，製作計画が目的に合ったものか，製作手順が適切であるかなどについて検討できるようにします。

❷ 製作

作品を仕上げるための製作手順や，手縫いやミシン縫いによる縫い方などについて問題を見いだし，課題を設定するようにします。課題を解決するための方法については，例えば，縫う部分に応じた縫い方であるかについて，縫い方見本を観察したり，試し縫いをしたりして，身に付けた技能を生かした縫い方を検討し，計画に合わせて効率よく製作できるようにします。また，布を用いた物の製作計画及び製作のいずれの場合にも，既習事項や自分の生活経験と関連付けて考え，適切な解決方法を選び，実践に向けて具体的に計画を立てることができるようにします。

製作後の振り返りについては，計画どおりに実践できたこと，できなかったこと，あるいは実践の中で考え，工夫したことなどを評価し，実践発表会などを通して，どのように改善したらよいかを考えることができるようにします。

よくわかる解説

生活を豊かにするための布を用いた製作とは，身の回りの生活を快適にしたり，便利にしたり，楽しい雰囲気を作り出したりするなど，布の特徴を生かして自分や身近な人の生活を豊かにする物を製作することです。そのために，製作計画が目的に合っているのか，製作手順が適切であるかなどについて，グループで話し合う活動を通して，計画や手順を見直し，よりよく製作できるようにすることが大切です。

また，身に付けた手縫いやミシン縫いの技能を生かし，製作計画に合わせて，効率よく製作できるようにします。さらに，作品づくりを通して，児童が達成感や製作の喜び，手作りのよさや，日常生活で活用する楽しさを味わうことが重要です。

指導にあたっては

　解決方法を考え、計画を立てたり，実践したことを評価・改善したりする際，グループや学級内で交流するなどの活動を工夫し，児童が考えを広げたり深めたりできるよう配慮する。また，児童が課題を解決できた達成感や製作の喜びを味わい，次の製作への意欲を高めたり，製作した物を日常生活で活用する楽しさや手作りのよさを味わったりすることができるよう配慮する。

　布を用いた物の製作計画については，例えば，生活を豊かにするための目的に合っているかどうか，製作手順や用いる技能，製作時間，材料などが適切かどうかについて検討し，計画を見直して改善する活動などが考えられる。また，仕上がった作品を観察したり，作り方を比較したりすることを通して，布製品を評価する視点を考え，製作計画に生かす活動なども考えられる。

　布を用いた物の製作については，例えば，手縫いやミシン縫いを用いて飾り縫いをしたり，はぎれやボタンなどを用いて作品を飾ったりして工夫する活動などが考えられる。

B
衣食住の生活

考えられる実践

⑦ を活用　製作実習

課題設定
- 教科書の例を参考にしながら，布でつくる生活を豊かにする物を考え，つくり方を調べる。

  > 課題：生活を豊かにするものを製作しよう。

計画
① 計画を立てる。
・どんなときにどのように使うかを考え，およその大きさや形を決める。
② 計画を発表する。

実践
- 計画に従って製作をする。

評価・改善
① 振り返る。
・つくった作品を実際に使ってみた感想や反省などを交え，作品発表会をする。
② これからつくってみたい物を考える。

製 作 題 材 例

2年間で学ぶ布を用いた実習〜製作の基礎・基本から創意工夫した作品づくりへ〜

学年	5年				
実習題材	針と糸にチャレンジ			ミシンぬいにチャレンジ	
	ネームプレート	*カード入れ	*ティッシュ ペーパー入れ	*ランチョンマット	*クッション
製作例					
材料	手ぬい糸, フェルト, ボタン	手ぬい糸, フェルト, ボタン	手ぬい糸, 布	ミシン糸, しつけ糸, 布	ミシン糸, 手ぬい糸, しつけ糸, 布, 綿
おもな用具	さいほう用具 (針, 針さし, はさみ, 糸きりばさみ, チャコえんぴつ, ものさし, 巻きじゃくなど)	さいほう用具 (針, 針さし, はさみ, 糸きりばさみ, チャコえんぴつ, ものさし, 巻きじゃくなど)	さいほう用具 (針, 針さし, はさみ, 糸きりばさみ, チャコえんぴつ, ものさし, 巻きじゃくなど)	さいほう用具, ミシン, アイロン, アイロン台, きりふき	さいほう用具, ミシン, アイロン, アイロン台, きりふき
習得する技能	○針に糸を通す ○玉結び・玉どめ ○さいほう用具の安全な使い方		針に糸を通す	○ミシンの取り扱い方 (針のつけ方, 上糸のかけ方, 下糸の準備, 下糸の出し方, ぬい目の調節) ○ミシンぬいのしかた (直線ぬい, 角のぬい方, ぬい始めとぬい終わりのぬい方) ○型紙づくり	
	○ぬい取り ○ボタンつけ	○なみぬい ○ボタンつけ ○かがりぬい	○なみぬい ○本返しぬい ○半返しぬい ○まち針のとめ方	○まち針をとめる順序	○返し口のぬい方 ○綿の入れ方
指導・支援上のポイント	★さいほう用具は, 児童の実態に合わせて適切にそろえるようにする。 ★特に針・はさみなどの安全な取り扱いに十分配慮する (針の使用前後の本数の確認, はさみの手渡し方など)。 ★玉結びや玉どめを繰り返し練習させる。	★カードの大きさに合わせた小物入れができるようにする。 ★ボタンがとめられる位置に穴をあけられるようにする。	★いろいろな作品例を用意して, 個々に対応できるようにする。 ★いろいろなぬい方の特徴がわかり, ぬうことができるようにする。 ★まち針を正しくとめることができるようにする。 しるしに対して直角 ○ × ×	★ミシンの安全な取り扱い方を徹底して, 一人で操作し, 直線ぬいができるようにする。 ★作品例を用意して, 個々に対応できるようにする。 ★作品を考え, 計画を立てて製作できるようにする。 ★まち針を止める順序や, とめ方がわかるようにする。 ★布の表と裏がわかり, 中表にしてぬい合わせができるようにする。	★返し口のじょうずなぬい方ができるようにする。 ★綿を角にきちんと入れられるようにする。

88

注記 *印の作品は，それぞれの実習題材中から一つを製作。

		6年			
		生活が楽しくなるもの			
*マルチカバー	*まくらカバー	*マイバッグ	*ナップザック	*エプロン	*カフェエプロン
ミシン糸，布	ミシン糸，手ぬい糸，しつけ糸，布	ミシン糸，手ぬい糸，しつけ糸，布，平ひも	ミシン糸,手ぬい糸，しつけ糸，布，丸ひも，平ひも	ミシン糸,手ぬい糸，しつけ糸，布，丸ひも	ミシン糸，手ぬい糸,しつけ糸，布，平ひも
さいほう用具，ミシン，アイロン，アイロン台，きりふき	さいほう用具，ミシン，アイロン，アイロン台，きりふき	さいほう用具，ミシン，アイロン，アイロン台，きりふき	さいほう用具，ミシン，アイロン，アイロン台，きりふき	さいほう用具，ミシン，アイロン，アイロン台，きりふき	さいほう用具，ミシン，アイロン，アイロン台，きりふき
○布のたち方 ○しるしつけ ○まち針のとめ方 ○ミシンの安全な使い方 ○アイロンの安全な使い方		○型紙づくり　○型紙と布の合わせ方　○布のたち方 ○しるしつけ　○三つ折りぬい　○ミシンの直線ぬい ○ミシンの安全な使い方　○アイロンの安全な使い方			
○三つ折りぬい	○重なり部分のぬい方	○出し入れ口のぬい方(重なり) ○重なり部分のぬい方 ○ひものぬいつけ方	○出し入れ口のぬい方 ○口あきのぬい方 ○ひもの通し方	○ななめ部分の三つ折りのぬい方 ○ポケットのつけ方 ○ひもの通し方，つけ方	○ひものぬいつけ方
★つくるものの大きさに合わせて紙でつくるなどして，製作の見通しがもてるようにする。 ★アイロンを安全に使い，三つ折りぬいができるようにする。 ★角のぬい方に気を付けて，直線ぬいが出来るようにする。		★ミシンの安全な取り扱い方を徹底して，一人で操作し，直線ぬいができるようにする。 ★作品例を用意して，個々に対応できるようにする。 ★作品を考え，計画を立てて製作できるようにする。 ★つくるものの大きさに合わせて紙でつくるなどして，製作の見通しがもてるようにする。 ★アイロンを安全に使い，三つ折りぬいができるようにする。 ★角のぬい方に気をつけて，直線ぬいができるようにする。			
★はしの三つ折りぬいが重なるはしの部分がしっかりぬえるようにする。	★まくらに合わせて大きさを決めることができるようにする。 ★布の重なり部分の折り方や，ぬう順序がわかるようにする。	★ひもの適切な長さやつける位置を決めて，じょうぶにつけることができるようにする。	★形の特徴がわかり，平ひもの折り方やはさみ方がわかり，じょうぶにつけることができる。 ★ひもを適切な長さに決めて，通すことができるようにする。	★体に合わせて布やひもの用意をすることができる。 ★ななめのひも通しの部分を，適切にぬうことができる。 ★ポケットの大きさや位置を決めて，じょうぶにつけることができるようにする。	★ひもをじょうぶにつけることができるようにする。

B　衣食住の生活

授業展開例

本時の目標
- 衣服の主な働きが分かり，季節や状況に応じた日常着の快適な着方について理解する。
- あたたかい着方について考えたり，環境を配慮して自分なりに工夫したりする。

主な学習活動	指導上の留意点
① 本時のめあてを知る。	
衣服の働きやあたたかい着方について考えよう	
② どんな場面で，どんな衣服を着ているか考える。 ● 外に出るとき ● 寝るとき ● 運動するとき ● 給食を配膳するとき ● 登山をするとき	● 衣服の生活活動上の働きをおさえる。
③ 肌に直接つける衣服の働きについて考える。 ● 体の汚れを吸い取る。	● 衣服の保健衛生上の働きをおさえる。
④ あたたかい着方について考える。 ● 重ね着 ● 長そで，長ズボン ● えり元やそで口が閉まった衣服 ● 厚い生地 ● 上着 ● 黒っぽい色，暖色系の色	● 衣服の形，重ね着，布の厚さ，上着，熱を吸収する色等をおさえる。
⑤ あたたかい着方について実験で確認する。 **実験1** 湯を入れた三角フラスコの温度の下がり方の比較 ・フリース生地1枚で巻く ・フリース生地3枚で巻く	● 重ねる布の枚数による保温性，布による風の通しにくさを実験で確認する。 ● 学習シートを用意し，熱の下がりにくいほう，風を通しにくいほうを予想し，理由も記述させる。

主な学習活動	指導上の留意点
実験2 ドライヤーに生地をあてて，風の通しにくさの比較 ・フリース生地 ・ウィンドブレーカー生地	● 実験から，体と衣服，衣服と衣服の間の体温であたためられた空気の層が暖かい着方につながること，重ね着は多すぎても体が動きにくくなること，上着は風を通しにくい布が体温であたためられた空気を逃さないことをおさえる。
⑥ あたたかい着方を考える。 『冷たい風の強い日に出かけます。あなたはどのような服装をしますか。』	● 場面設定し，着方の工夫を絵や言葉で考えさせる。 ● 学習シートに人形の絵を用意し，いくつかの着せ替えの衣服カードを使って考えさせてもよい。(長そでシャツ・長そでTシャツ，セーター，ジャンパー，長ズボン，帽子，マフラー等)
⑦ 考えた着方を発表する。  	● あたたかい着方のポイントがおさえられているかを確認する。 (1) 体温であたためられた空気を逃がさない形・着方 (2) 冷たい風を通さない上着 **評価の例** ○ 衣服の主な働きが分かり，季節や状況に応じた日常着の快適な着方について理解している。 〈学習シート〉 ○ あたたかい着方について考えたり，環境を配慮して自分なりに工夫したりしている。 〈学習シート〉
⑧ 本時の振り返りをする。	● 学習したことを生活に生かしていくことを促す。

＊ すずしい着方では，熱を逃がす形・着方，通気性をポイントに指導する。日本の伝統的な衣服であるゆかたに触れる。

授業展開例

本時の目標
- 入れたい物の出し入れ具合を確認しながら,試しの袋の製作を通して,入れたい物に合った袋の大きさやゆとり,製作に必要な布の分量が分かる。

主な学習活動 / 指導上の留意点

① 本時のめあてを知る。
- 『エプロンを作ったときも,試しのエプロンを作って大きさを決めたな。今日は,試しの袋をつくって,大きさを決めるのだな。』

- 入れたい物に合った袋の大きさやゆとり,製作に必要な布の量を明らかにするという目的意識をもてるように,前時にもった活動の見通しを問いかける。

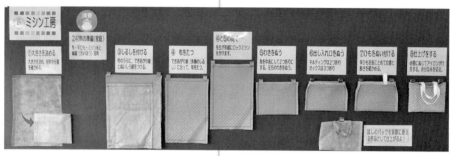

前時に立てた製作計画

② 試しの袋の製作をしながら,製作に必要な布の分量を決める。

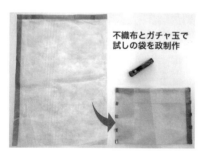

不織布とガチャ玉で試しの袋を政制作

- 入れたい物に合った袋の大きさを検討できるように,不織布をクリップで留めて,物の出し入れを繰り返し試行するよう促す。

- 『まずは,本の大きさを測り,その大きさどおりの袋で試してみよう。』
- 『袋に入れることはできるけど,出し入れのたびにひっかかってしまうな。出し入れがしづらくて,使いづらいな。』

主な学習活動	指導上の留意点
●『大きくすれば出し入れがしやすくてよいと思ったけど,今度は中がスカスカしすぎて,入れた物が動いてしまうな。』	● 物に対して袋が大きすぎる児童には,適度な大きさに気付けるように,中に入れた物の状態や使いやすさを問いかける。
●『友だちの袋は,ぼくの袋より入れた物が動かなくて使いやすそうだな。友だちも僕の袋はゆとりがありすぎて使いづらいと言っているから,入れた物が動かないように,少し袋を小さくしようかな。』	● 入れたい物に合った袋の大きさを決められるように,入れる物の種類が同じペアで互いの入れたい物の出し入れを試行し,評価を伝え合うよう促す。
●『小さくして試してみたら,入れたい本の大きさよりも5,6cmくらい大きくしたときが出し入れもしやすく,入れた物も動かないぞ。入れる物の大きさに6cmのゆとりの長さ[①]と,縫いしろの長さを加えたら,布の横幅と縦幅を決められるな。』	● 製作に必要な布の分量を明らかにできるように,繰り返し試行したことを基に決めた袋のできあがりの大きさと,縫いしろの長さを学習プリントに記述するよう促す。

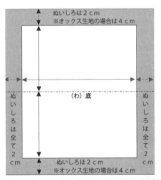

次回までに用意する分量を計算する

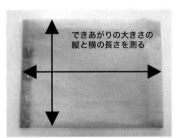

できあがりの大きさの縦と横の長さを測る

評価の例

○ 入れたい物に合った袋の大きさやゆとり,製作に必要な布の分量を記述したり発言したりしている。
〈学習プリント〉

3 本時の振り返りをする。
●『友達と何度も試しながら考えたら,袋の大きさと準備する布の分量が分かったよ。早く袋をつくりたいな。』

● 次時からの製作意欲を高めることができるように,互いに試行したことを伝え合い,製作に必要な布の分量を自分たちで明らかにできたことを賞賛する。

＊ 実践にあたって,本時では,入れたい物に合った袋の大きさの決め方や,ゆとりのもたせ方を理解できるように,中に入れた物が透けて見える不織布と,ミシン縫いの代わりとするクリップを用いて,入れたい物の出し入れを繰り返し試行する。
①児童の意識にある「6cmのゆとり」の長さは,ゆとりを一般化した長さではない。児童が入れたい物の大きさや形,厚さによって必要なゆとりは異なる。

B 衣食住の生活

B ６ 快適な住まい方

○ キーワード

㋐(ア) 次のような知識及び技能を身に付けること。
❶住まいの主な働きが分かり，❷季節の変化に合わせた生活の大切さや❸住まい方について理解すること。

» 住まいの主な働き
» 自然を生かした住まい方
» 暑さ・寒さと通風・換気
» 適切な採光と季節の音

B ６ ㋐(ア) 学習指導要領をハヤヨミ

❶住まいの主な働き
季節の変化に合わせた住まい方と関連させて取り上げることとし，人々が家の中で安心して快適に住まうことができるように，主として雨や風，暑さ・寒さなどの過酷な自然から人々を守る生活の器としての働きが分かるようにします。

❷季節の変化に合わせた生活の大切さ
我が国が四季の変化に富むことから，冷暖房機器にたよる生活を見直し，季節の変化に合わせて日光や風など自然の力を効果的に活用する方法について考え，健康や快適の視点から，自然を生かした生活の大切さについて理解できるようにします。併せて，住まい方における日本の生活文化に気付くことができるようにします。

❸季節の変化に合わせた住まい方
暑さ・寒さへの対処の仕方については，室内の温度や湿度，空気の流れを調節することにより室内の環境を快適に保つことができることを理解できるようにします。空気の流れについては，夏季に涼しく過ごすための通風又は冬季に室内の汚れた空気を入れ換えるための換気の必要性が分かり，効果的な通風又は換気の仕方を理解できるようにします。採光については，児童の身近な生活と目の健康とを関連させ，適度な明るさを確保する必要とその方法を理解できるようにします。

音については，音には快適な音や騒音となる不快な生活音があることを理解できるようにします。また，生活を豊かにする季節の音を大切にしてきた日本の生活文化に気付くことができるようにします。

よくわかる解説

健康や快適を視点として，冷暖房機器にたよる今の生活を見直し，日光や風など自然の力を上手に利用することの大切さについて理解することを通して，持続可能な社会に向けた健全なライフスタイルの基礎を身に付けることを目指しています。今回の改訂で中学校から小学校の内容となった「音」については，季節の変化に合わせた住まい方として主として季節の音を扱い，騒音についてはA(3)の地域の人々との関わりの中で関連させて扱います。自然と共存する住まい方として生活文化を扱うことがポイントです。

指導にあたっては

　暑さ・寒さ, 通風・換気, 採光, 音については, 健康・快適などを視点として, それぞれを相互に関連付けて扱うよう配慮する。また, 暑さ・寒さへの対処については, 地域によって, 夏季の暑さを防いで涼しく生活すること又は冬季の寒さを防いで暖かく生活することのいずれかに重点を置いて題材を構成することが考えられる。

　さらに, 学校など身近な空間を対象とし, 快適にするためには何が必要かを考えさせ, 比較実験などを通して, それらを科学的に理解できるよう配慮する。

　例えば, 暑さへの対処の仕方については, 窓の外側で太陽の熱をさえぎると暑さを防ぐ効果が大きいことを確かめたり, 窓の開閉条件を変えて風通しを比べたりして, 夏季を涼しく過ごすための工夫を考えさせる活動などが考えられる。また, 家族へのインタビューや実生活を見つめる活動を通して, ひさし, よしず, すだれ, 打ち水, 風鈴などを取り上げ, 日本の生活文化や昔からの生活の知恵に気付かせる活動なども考えられる。

B

衣食住の生活

考えられる実践

活動・題材例 **1**

●明るく, あたたかい住まい方の工夫

　寒い季節を快適に過ごす住まい方について見つめ, 考えることができる。

① 住まいにおける快適さについて話し合う。

　※「快適」とは, 「健康に生活できること」に視点をおいて, 児童から出る意見をまとめる。

② 快適に住まうとは体が快適に感じる住まい方であることに気付く。

③ 校舎の明るさや温度, 快適さを調べて, まとめてみよう。

④ 気付いたことを発表し合う。

⑤ 校舎の見取り図を見ながら, 快適さと明るさ, 温度の関係をふり返り, 整理する。

活動・題材例 **2**

●すずしい住まい方の工夫

　すずしい住まい方について課題を見つけ, 観察や実験を通して考えたり, 工夫したりすることができる。

① 日本の気候の特徴と住まいの働きとの関係をみる。

　※「あたたかい住まい方」のときの活動を振り返らせる。

② 教室など共通の場を見つめ, 観察や実験をして, 住まい方を具体的に調べる。

　・温度, 湿度　・通風　・断熱　など

③ すずしく住まうための工夫について調べる。

　・機器の活用　・自然環境の活用　など

④ 調べたことをまとめ, 発表する。

B ⑥ 快適な住まい方

㋐(イ) 次のような知識及び技能を身に付けること。

❶住まいの整理・整頓や❷清掃の仕方を理解し，適切にできること。

○ キーワード

» 整理・整頓の仕方
» 清掃の必要性
» 汚れに応じた清掃の仕方

B ⑥ ㋐(イ) 学習指導要領を ハヤヨミ

❶住まいの整理・整頓の仕方

児童の身の回りの物，例えば，学習用具，本や雑誌，衣類等の整理・整頓を取り上げます。物を使う人や場所，その使用目的や頻度，大きさや形などによって整理・整頓の仕方を工夫する必要があることが分かり，何がどこにあるか，必要な物がすぐに取り出せるか，空間を有効に使えるかなどの視点から考え，整理・整頓の仕方を理解し，適切にできるようにします。

❷住まいの清掃の仕方

児童が日常よく使う場所を取り上げます。学校や家庭での体験を基に清掃について見直し，なぜ汚れるのか，何のために清掃するのかを考えさせるとともに，床や窓などの汚れの種類，汚れ方に応じた清掃の仕方が分かり，状況に応じた清掃の仕方を理解し，適切にできるようにします。また，汚れは時間が経つと落ちにくくなることや，住居用洗剤は取り扱い方によって危険を伴うものもあるため，表示をよく見て使用する必要があることなどにも気付くようにします。さらに，和室の畳の清掃の仕方にも触れ，日本の生活文化に気付くことができるようにします。

よくわかる解説

整理・整頓の仕方は，自分だけが使う学習机だけでなく，家庭の居間や台所，洗面台のように自分のほかに家族が共に使う場合を考えます。家族と共に使う場合は，家族一人ひとりがどのように使うかによって工夫の仕方が違います。例えば，家族みんながよく使う物は，手が届きやすい所，時々しか使わない物は高い所，出し入れに危険を伴う重い物は低い所にしまうなど，様々な工夫の視点を取り上げて，快適や作業効率，安全などの視点から収納の考え方の基本を身に付けるようにします。

清掃の仕方は，「なぜ清掃が必要か」を理解していなければ，仕方の理解が実践につながりませんから，健康と快適を視点として，清掃の必要性の理解につなぐことがポイントです。低学年から校内清掃をしていますから，家庭科で清掃を扱う意味を明確にし，汚れの種類と汚れの取り除き方の対応について科学的に考えることが大切です。

指導にあたっては

　整理・整頓や清掃の仕方は家庭によって異なることから，児童の家庭での様々な工夫について交流する活動を通して，指導事項イにおける活動に生かすことができるよう配慮する。その際，家族の生活に合わせて整理・整頓の仕方を工夫し，清掃などを適切にすることによって，家族が楽しく快適に過ごすことができることに気付くようにする。また，A(2)「家庭生活と仕事」のイの学習との関連を図り，実践する喜びや家族との関わりを感じながら学習を進めるよう配慮する。さらに，適切な整理・整頓や清掃は，家庭内の事故を防ぐための安全な住まい方を考える上でも大切であることに気付かせるなど，中学校での学習につながるよう配慮する。

　例えば，整理・整頓については，散らかっている部屋の写真から整理・整頓の必要性について話し合ったり，教室や家庭科室の机や引き出し，棚やロッカーなどで試行することを通して，整理・整頓の多様な視点に気付かせたりする活動などが考えられる。

　清掃については，学校内での汚れ調べの活動などを通して，汚れの種類や汚れ方に応じた清掃の仕方を考えたり，ほうき，電気掃除機，化学雑巾などによる清掃の効果を比較し，適切な使い分けについて考えたりする活動などが考えられる。

B 衣食住の生活

考えられる実践

活動・題材例 1

●工夫して整理・整とんしよう

　整理・整とんをしていなくて困った経験を話し合い，気持ちよく安全に生活するために，整理・整とんが必要なことに気付くようにする。授業では自分の机の中やロッカー，教室の本棚などの整理・整とんの実習を通して，分類の仕方や収納の仕方を考えるようにする。整理・整とん後出てきたごみは，集めておくとごみの量や分類の仕方について考えるきっかけともなる。

　本題材では整理・整とんの方法とともに，ごみの量が物の使い方や買い方に関連していること，整理・整とんは，家庭内事故を減らし，災害時に避難しやすいなど安全や防災につながることなどに気付けるようにする。

活動・題材例 2

●掃除をしよう

　教室や家庭科室の汚れ調べを通して汚れの原因や種類に気付き，掃除の必要性を理解するようにする。家庭ではどんな掃除用具を使い，どのような場所をどのように掃除しているか調べてくるようにし，話し合いを通して情報交換をして，掃除の実践計画を立てるようにする。掃除をするにあたってC(2)との関連を図り，洗剤を使わない方法や不用品を活用するなど環境に配慮した方法を工夫できるようにする。

B 6 快適な住まい方🈷

イ ❶季節の変化に合わせた住まい方, ❷整理・整頓や清掃の仕方を考え, 快適な住まい方を工夫すること。

○ キーワード
- 快適な住まい方の工夫
- 住生活の課題の解決
- 健康・快適・安全などの視点

B 6 イ 学習指導要領をハヤヨミ

ここでは, 快適な住まい方の課題を解決するために, アで身に付けた基礎的・基本的な知識及び技能を活用し, 健康・快適・安全などの視点から, 季節の変化に合わせた住まい方及び整理・整頓や清掃の仕方を考え, 工夫することができるようにします。

❶季節の変化に合わせた住まい方

児童の身近な生活の中から, 主に暑さ・寒さの調節, 通風・換気, 採光の仕方及び音に関する問題を見いだし, 課題を設定するようにします。課題を解決するための方法については, コンピュータなどの情報手段を活用して自然を生かした住まい方などについて調べたり, 児童が自ら方法を考えて通風・換気や採光などについて実験したりする活動や, 児童一人ひとりの生活経験についての意見交流などを通して, より効果的な暑さ・寒さの調節方法や効率的な通風・換気や採光の仕方について検討できるようにします。

❷整理・整頓や清掃の仕方

児童の身近な生活の中から, 主に住まいの整理・整頓及び清掃に関する問題を見いだし, 課題を設定するようにします。課題を解決するための方法については, 整理・整頓や清掃の仕方について地域の人から様々な方法を教えてもらったり, 家庭で調べたことを発表し合ったりする活動などを通して, より効果的な整理・整頓の仕方や効率的な清掃の仕方について検討できるようにします。季節の変化に合わせた住まい方及び整理・整頓や清掃の仕方のいずれの場合にも, 解決方法については, 既習事項や自分の生活経験と関連付けて考え, 適切な解決方法を選び, 実践に向けて具体的に計画を立てることができるようにします。実践の振り返りについては, 計画どおりに実践できたこと, できなかったこと, あるいは実践活動の中で考えたことなどを評価し, 実践発表会などを通して, どのように改善したらよいかを考えることができるようにします。

よくわかる解説

住生活に関する指導項目は(6)だけで, 指導事項アは2つありますから, イではアの2つの内容について活用する学習活動を求めています。季節の変化に合わせた住まい方は, 家庭での実践が難しいことから, 学校でのグループ活動による課題解決が主となります。一方, 整理・整とん及び清掃については, 家庭との連携を図りやすいことから, 家庭での実践活動を経て, 実践交流を通して新たな課題を見出すことになります。いずれの場合にも, 指導事項アでの学びを広げ深めるための学びが求められています。

指導にあたっては

解決方法を考え、計画を立てたり、実践したことを評価・改善したりする際、グループや学級内で交流するなどの活動を工夫し、児童が考えを広げたり深めたりできるよう配慮する。また、児童が課題を解決できた達成感や、実践する喜びを味わい、次の課題に主体的に取り組むことができるようにする。

季節の変化に合わせた住まい方については、例えば、暑さ・寒さへの対処として様々な冷暖房機器を比較したり、通風・換気について、自然換気と換気扇等を比較したりするなど、住まい方を具体的に見直して工夫する活動などが考えられる。

住まいの整理・整頓や清掃の仕方については、例えば、清掃の仕方を取り上げ、学校や家庭の居間、台所、トイレ、浴室などについて調べて実践交流したり、洗剤や清掃用具を用いて汚れの落ち方を比較し、その理由を考えたり、調べたりするなど、清掃の仕方を見直して工夫する活動などが考えられる。

さらに、学校での学習を家庭や地域での実践として展開できるようにするために、児童の家庭の状況に十分配慮し、家庭や地域との連携を図るようにする。

B

衣食住の生活

考えられる実践

㋐ を活用　やってみよう，トライ，夏の生活

課題設定
① エアコンや扇風機などを効率的に，むだなく活用するための方法を考えよう。
② エアコンや扇風機などにたよらないですずしく過ごす工夫について考えよう。

> 課題：上記①，②のテーマのいずれかで新聞づくりをする。

計　　画
エアコンの使い方，扇風機の使い方，風通しの工夫など，グループごとに調べるための実験や観察内容を計画する。

実　　践
考えた方法で実験や観察をし，その結果を新聞にまとめる。

評価・改善
ポスターセッションで，いろいろなグループの新聞を見て回り，意見を交流したりアドバイスしたりする。新聞にまとめたことを振り返り，さらに課題にしたいことや自分が生活の中で生かそうと思うことなどをワークシートに記入する。

99

授業展開例

本時の目標
● 毎日の清掃活動や家庭での掃除を振り返り,清掃の必要性や課題について話し合い,汚れや清掃の仕方等の見通しをもつことができる。
＜2時間扱い＞

主な学習活動	指導上の留意点
事前　掃除の取り組みについてのアンケートに答える。	● 児童の清掃の意識調査をし,実態を把握しておく。 ● 家庭の仕事として掃除に取り組んでいる児童の保護者にインタビューし,その姿を録画しておく。 ● 学習カードをもとに掃除の極み度をチャートにしたものをクラスのデータとして整理しておく。
① 本時のねらいを確認する。	
清掃を振り返って,学習の見通しをもとう。	
② 毎日の朝掃除の取り組みについて,気付いたことや工夫したことを話し合う。	● 導入として掃除の様子を写真で提示することにより,いつも取り組んでいる清掃について想起しやすくする。 ● 気付いたことやわかったこと,課題などを清掃場所ごとに板書し,清掃場所ごとの汚れの違いに気付くことができるようにする。 ● 清掃の良さや工夫などに対する児童の発言を深め,価値付けをする。
③ 今の清掃への取り組みや意識の実態をチャートに表したものをペアで見合い,掃除の極み度の特徴について話し合う。	● 互いの成長は感じているが,意識が不十分であることに気付かせるために,クラス平均をチャート化して掲示し,課題をとらえやすくする。
④ 机の上をウェットティッシュで拭き,目に見えない汚れが身近にあることに気付く。	● ウェットティッシュを用いて自分の机をふき,身近にある「目に見えない汚れ」の存在を実感させ,清掃への意欲を高める。

主な学習活動	指導上の留意点

⑤ 養護教諭から見えない汚れの存在についての話を聞き, 衛生面における清掃の必要性を知る。

● ほこりやカビ, ダニの写真を掲示しながら, 養護教諭から健康に影響する汚れについて指導する。
● 教育資料のPowerPointを使って, 衛生上の視点からも清掃の必要性に気付くようにする。

⑥ 本題材のテーマについて話し合う。

● 児童の願いを拾いながら, これからの学習で清掃の仕方を極めていくことを確認する。

極めよう! クリーン大作戦!

⑦ 家族から, 家庭での清掃について気を付けていることや, 困っていることについてのインタビュー映像を見て, テーマの取り組み方について話し合う。

● 家族からのインタビュー映像を見て, 話し合うことで家庭実践へのつながりをもたせるようにする。
● 本題材のテーマに清掃を続ける良さを加えるために, 保護者からのインタビュー映像を見せる。

極めよう! 続けよう! クリーン大作戦!

⑧ 再度, 清掃極み度や授業の振り返りを学習カードに記入し, 学習への意欲や課題をもつ。

● 改めてチャート化することで, 自己の課題に気付くことができるようにする。

極めよう! 続けよう! 広げよう! クリーン大作戦!!

6年　　組　名前

今日の学習で学んだこと
_____
_____

やる気
汚れの種類
用具の使い方
環境
家族

授業前　点
授業後　点

評 価 の 例

○ 身の回りの汚れや清掃の仕方に関心をもち, 身の回りを快適に整えようとしている。
○ 清掃の必要性について理解している。
〈学習カード・発言〉

資料:本時で使用する学習カード

⑨ 次時への見通しをもつ。

B

衣食住の生活

授業展開例

本時の目標
- 音には快適な音や騒音となる不快な生活音があることを理解する。
- 快適な生活について考え,自分なりに工夫することができる。

主な学習活動	指導上の留意点
① 本時のめあてを知る。	
生活の中の音について考え　快適な生活を工夫しよう	
② 今まで学校生活の中で,音で困ったことがあるか考える。 ● 放送が聞こえなかった。 ● 先生や友達の話が聞き取れなかった。 ● 廊下の人の声がうるさくて,授業に集中できなかった。	● 自分たちが音で困った経験から,これから学習したことを生活に生かして,よりよい生活にしていくことを確認する。
③ 学校の音調べをする。 ● 各教室,特別教室,廊下,校庭,職員室,給食室,主事室,事務室等	● 騒音計があれば,様々な音の大きさを測らせるとよい。
④ 色々な場面での生活の音について考える。 ● 学校(教室,廊下,音,朝会,集会,休み時間,給食,掃除時間,放課後,行事時の音等) ● 家(話し声,笑い声,赤ちゃんの泣き声,犬の吠える声,風鈴,音楽,テレビ,扉の音,走る音,物を落としたり,動かしたりする音等) ● 地域(遊ぶ子供の声,小鳥のさえずり,車,宣伝車の音,工事の音等)	● 調べてきたことを発表し,生活の中の音について関心をもつようにする。 ● 事前に生活の中の音について調べてくるようにしてもよい。 ● 班で生活の中の音を話し合いながら,カードに記入する。その際,快適な音は桃色のカード,不快な音は水色のカードに記入する。

主な学習活動	指導上の留意点

❺ 生活の音について発表する。

〔学習シートの図〕

```
工夫しよう 快適な生活
（          ）について考え　快適な生活をくふうしよう
                          年　組　番　氏名（          ）

1  今までの学校生活の中で、音で困ったこと
  [                    ]  [          ]
  [                    ]  [          ]
  [                    ]  [          ]

2  生活の中の音調べ
  場所 | どんな音か | 音に対する感じ方（○をする）
       |           | 快適な音・不快な音
       |           | 快適な音・不快な音
       |           | 快適な音・不快な音
       |           | 快適な音・不快な音
       |           | 快適な音・不快な音

3  音を調べて気がついたこと

4  快適な生活のくふう
  近所にお年寄りや赤ちゃんが住んでいます。テレビを見るときに、あなたはどうしますか。
  地域の人が快適に生活するために、あなたがくふうすることや気をつけることを考えましょう。

5  これからの生活で工夫したいことや、生かしていきたいこと
```

● 生活の中には様々な音があることをおさえる。
● 快適な音，不快な音に分けて，黒板にカードをはり，人によって快適な音，不快な音がちがうことをおさえる。
● 騒音については，家族や地域の人々との関わりを考えて，生活の中の音の発生に配慮する必要があることにも気付くようにする。

● 風鈴，虫の声，鳥のさえずり等，生活を豊かにする季節の音を大切にしてきた日本の生活文化もおさえる。

❻ 生活の音について快適な生活のくふうを考える。

『近所にお年寄りや赤ちゃんが住んでいます。夜の遅い時刻にテレビを見ます。あなたはどうしますか。』

地域の人が快適に生活するために，あなたが工夫することや気をつけることを考えましょう。

● 場面を設定し，どんな人がどんな生活をしているかを考え，生活の中の音について，自分や地域の人が工夫したり，配慮したりしていくことを考えるようにする。

❼ 考えたことを友達と意見交流する。

● 音に対する感じ方は人によってちがうので，テレビを見るときは，近所の人のことも考えて，大きな音を出さないようにしたい。また，他の音に関しても同じように配慮していく。

❽ 本時の振り返りをする。

評 価 の 例

○ 音には快適な音や騒音となる不快な生活音があることについて理解している。
〈学習シート〉

○ 快適な生活について考え，自分なりに工夫している。
〈学習シート〉

● 学習したことを生活に生かしていくように促す。

✳ 音については，内容「A家族・家庭生活」(3)ア(イ)，イで地域の音として，おもに騒音に関することを扱い，内容「B衣食住の生活」(6)ア(ア)で快適な音として，季節の音に関することを扱う。
✳ 実践活動にあたっては，騒音計を用いた実験や，季節の音を体感することを取り上げるとよい。

B
衣食住の生活

C 1 物や金銭の使い方と買物 ○ キーワード

⑦（ア） 次のような知識及び技能を身に付けること。

❶買物の仕組みや❷消費者の役割が分かり，❸物や金銭の大切さと❹計画的な使い方について理解すること。

- 売買契約
- 消費者の役割
- 相談
- 計画的な使い方

C 1 ⑦（ア） 学習指導要領を ハヤヨミ

❶買物の仕組み
　　主に現金による店頭での買物を扱い，日常行っている買物が売買契約であることを理解できるようにします。売買契約の基礎としては，買う人（消費者）の申し出と売る人の承諾によって売買契約が成立すること，買う人はお金を払い，売る人は商品を渡す義務があること，商品を受け取った後は，買った人の一方的な理由で商品を返却することができないことについて扱い，理解できるようにします。

❷消費者の役割
　　買う前に本当に必要かどうかをよく考えることや，買った後に十分に活用して最後まで使い切ることを理解できるようにします。また，自分や家族の消費生活が環境などに与える影響についても考え，例えば，買物袋を持参したり，不用な包装は断ったりするなどの工夫をすることが消費者としての大切な役割であることに気付くようにします。さらに，買物で困ったことが起きた場合には，家族や先生などの大人に相談することや，保護者と共に消費生活センターなどの相談機関を利用することにも触れるようにします。

❸物や金銭の大切さ
　　家庭で扱う金銭（家庭の収入）は家族が働くことによって得られた限りあるものであり，物や金銭が自分と家族の生活を支えていることから，それらを有効に使うことの重要性を理解できるようにします。なお，プリペイドカードなどは，金銭と同じ価値があるので，金銭同様に大切に扱う必要があることを理解できるようにします。

❹物や金銭の計画的な使い方
　　限りある物や金銭を生かして使う必要性や方法が分かり，計画的な使い方を理解できるようにします。

　　物の計画的な使い方については，物が必要になった時には，新しい物を購入する以外に，家庭にある物を活用したり，知人から譲ってもらったりするなどの方法もあることに気付くようにします。また，物を長く大切に使う方法についても理解できるようにします。

　　金銭の計画的な使い方については，こづかいなど児童に取扱いが任された金銭に着目して購入の時期や金額を考えたり，購入のための貯蓄をしたりして，無駄のない使い方をすることが必要であることを理解できるようにします。

よくわかる解説

　このたびの改訂で新設された「買物の仕組みや消費者の役割」は，中学校の学習の基礎として位置付けられています。売買契約の基礎的事項は，約束との違いや消費者としての義務と関連させ，具体的な場面を設定して考えさせるようにしましょう。消費者の役割については（2）とも関連を図り，3Rを実践したら（しなかったら）どうなるかなど，環境に与える影響について気付くようにします。消費者被害については，中学校で背景や適切な対応について学習しますので，小学校では「困ったことがあったら相談する」ことについて触れるようにします。

　家庭の収入や支出についての詳細は，中学校・高等学校で学習します。小学校では，その基礎となる「物や金銭の大切さ」や「有効に使う必要性」，「計画的な使い方」を理解できるようにします。

C 消費生活・環境

参考　中学校での学習につなげる

　児童が中学生になると自由に使えるお金が増え，それとともにお金にまつわるトラブルに巻き込まれることもあります。

　下の図は，中学校の技術・家庭科 家庭分野の「C消費生活・環境」で学ぶ「消費生活のしくみ」の図です。消費者として，これまで以上に消費生活に関わる場面も増えますが，大切なことは金銭が限りあるものであること，物を購入する場合には計画を立てたり，比較しながらよく考えることです。そのような意味でも，小学校の「C消費生活・環境」は，これからの学習の基礎になる学びになります。

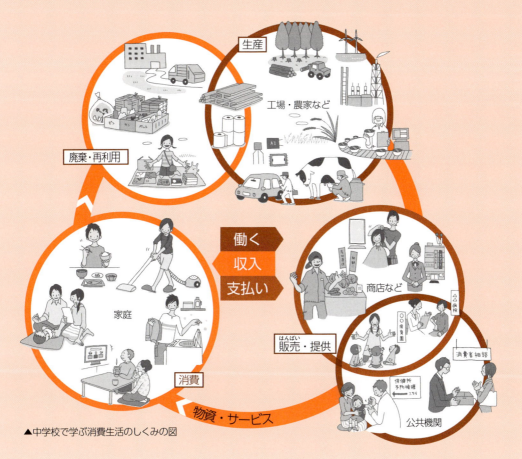

▲中学校で学ぶ消費生活のしくみの図

指導にあたっては

　買物の仕組みと消費者の役割については，児童に身近な物の購入について取り上げ，消費者であることの自覚をもたせ，適切な消費行動をとる必要があることに気付くことができるよう配慮する。例えば，買物の仕組みについては，児童に身近な例で契約と約束の違いに気付かせたり，買物のどの場面で売買契約が成立したのかを考えさせたりする活動などが考えられる。消費者の役割については，自分や家族の買物の経験を基に購入した物の使い方について話し合う活動などが考えられる。

　また，物や金銭の計画的な使い方については，身近な消費生活を振り返り，自分の課題に気付くことができるよう配慮する。例えば，学用品などの購入や使い方について振り返り，粗末に扱ったり，不用な物を購入したり，使える物を捨てたりしていないかなどを見直す活動などが考えられる。

　なお，児童によって家庭生活の状況が異なることから，各家庭や児童のプライバシーを尊重し，十分配慮しながら取り扱うようにする。

　この学習では，社会科の第3学年における「地域に見られる生産や販売の仕事」の学習と関連を図るよう配慮する。

考えられる実践

活動・題材例 1

●毎日の生活でお金で買ったものを調べよう

　自分の生活とお金の結び付きを知り，お金を大切に使っていこうとする心情を育む。

①身の回りでお金を使って買ったものを書き出して気付いたことを発表する。

　・まず自分で考えてから友だちの意見を聞くことで気付きを広げる。

②お金はどのように家に入ってくるか考えまとめる。

　・収入に限りがあることに気付かせる。

③自分のお金の使い方を振り返り，直したほうが良い点を考えまとめる。

活動・題材例 2

● 「買い物名人憲法」をつくろう

　1冊110円のノートと5冊525円のノートではどちらを買うかをディベート形式で話し合います。その話し合いをもとに，買い物をするときの視点をクラスで「買い物名人憲法」にまとめていきます。その際，ディベートの部分については国語の題材で扱うとよいでしょう。「上手な買い物のポイント」を授業までまとめた後，調理実習に必要な食材をクラス全員で買いに行き，買い物の仕方について振り返ることができます。

考えられる実践

●修学旅行のおみやげの選び方や買い方を考えよう

品質や内容量,価格などの情報をもとに,おみやげの選び方や買い方について考え,自分なりに工夫しておみやげ購入計画をたてる。

①学習のめあてを確認する。

> 課題: 修学旅行のおみやげ購入計画をたてよう。

※予算や購入場所,時間,回数について伝えておく。

②おみやげを購入する目的について考える。

③修学旅行先で購入できるおみやげの一部を取り上げ,おみやげを選ぶ際のポイントを考える。
・価格,賞味期限,内容量,原材料を比較する。
※おみやげの大きさ,形,重さ,自分で持ち帰れるかについて,しっかり考えて購入するように伝える。

④修学旅行先で購入できるおみやげの情報を収集・整理し,整理した情報をもとに購入計画を立てる。
※おこづかい全てを使い切る必要はないことを伝える。

⑤本時のまとめを行い,修学旅行までにおみやげ購入計画書を完成させることを伝える。
※購入計画に従って,修学旅行の時に購入することを伝える。

【おみやげ購入計画】

だれに	番号	何を (どんなものを)	選ぶ理由	予算(円)	残金(円)

C 消費生活・環境

C 1 物や金銭の使い方と買物

○キーワード

(ア)(イ) 次のような知識及び技能を身に付けること。

❶身近な物の選び方,❷買い方を理解し,❸購入するために必要な情報の収集・整理が適切にできること。

» 選ぶ観点
» 資源の有効活用
» 買物の記録
» 情報の収集・整理

C 1 (ア)(イ) 学習指導要領を ハヤヨミ

❶身近な物の選び方　児童が使う身近な物について取り上げ,値段や分量,品質などの選ぶ際の観点を理解できるようにします。また,目的に合ったものを選ぶためには,食品等に付けられた日付などの簡単な表示やマークなどの見方についても触れるようにします。さらに,持続可能な社会の構築の視点から,環境に配慮されているか,詰め替えやリサイクルができるかなど,資源の有効利用を考えて選ぶことも大切であることに気付くようにします。

❷身近な物の買い方　現金による店頭での買物を中心とし,予算や購入の時期,場所,必要なものを必要な分だけ買うことや,まとめて買うことなどについて考える必要があることを理解できるようにします。また,買う物をメモしておいたり,買物の記録をしたりするなどの大切さに気付くようにします。なお,通信販売については,地域や児童の実態に応じて触れるようにします。

❸購入するために必要な情報の収集・整理　目的に合った品質のよい物を無駄なく購入するために,店の人から話を聞いたり,広告などを活用したりして情報を集め,値段や分量,品質など様々な視点から情報を整理することができるようにします。

よくわかる解説

　ここでは,イで活用できる知識(物の選び方・選ぶ観点,物の買い方・買物の記録など)及び技能(必要な情報の収集・整理)の習得が求められています。その際,(2)にも関連する持続可能な社会の構築の視点で,物を選んだり,購入したりする必要についても扱います。また,(ア)で身に付けた知識と関連を図ることで,消費者の役割がより具現化してくると考えられます。

　情報の収集・整理に関わる技能は,中学校でも扱います。その際,物の選び方で習得した知識も活用して,購入するために必要な情報の収集の仕方や,分類,整理ができるよう,具体的な場面を設定するようにしましょう。

指導にあたっては

身近な物を実際に購入する場面を想定し，具体的に考えることができるよう配慮する。
例えば，調理実習や製作に使う材料や用具を購入する場面を想定して，必要な情報を収集・整理し，選んだ理由や買い方について意見を交換し合う学習などが考えられる。

考えられる実践

活動・題材例 1

●衣服の選択

修学旅行や遠足で雨具を持って行く学校も多い。最近では低価格で使い捨てという感覚の雨具もあるが，あえて雨具を教材にすることによって子どもたちの衣服を選ぶ問題点がわかる。また，衣服は価格が高いので，実際に買い物学習を組むことはできない。しかし，商品カードを使うことによって，買い物の疑似体験を行うことができる。

児童の実態に合わせて，「遠足の時の服装を選ぶ」として上着とズボン，レインコートの組み合わせに発展させることもできる。

活動・題材例 2

●調理実習で使う材料の選び方

日常生活では，個々の体験により材料の選択を行っている。今回は学級全体で材料を話し合うことによって，どのような判断を行ったらよいのか，その判断についての考え方を出し合う。

生のほうれん草　生のほうれん草
冷凍のほうれん草

同じ材料でも，生産地や価格・加工状況が異なる。そこに子どもたちが気付くことができれば，実際の生活でもこの学習が役に立つ。

冬であればみそ汁も具材として，ほうれん草なども考えられる。ほうれん草は，冷凍食品で一年中あるし，産地の違った生の食材も手に入れることができる。

C 消費生活・環境

C ① 物や金銭の使い方と買物

キーワード

イ 購入に必要な情報を活用し、❶身近な物の選び方,買い方を考え,工夫すること。

- 課題の解決
- 情報の活用
- 多様な観点
- 比較・検討

C ① イ 学習指導要領をハヤヨミ

ここでは,身近な消費生活についての課題を解決するために,アで身に付けた基礎的・基本的な知識及び技能を活用し,持続可能な社会の構築などの視点から,物の選び方,買い方を考え,工夫することができるようにします。

❶身近な物の選び方,買い方

児童が生活の中で使う身近な物について問題を見いだし,課題を設定するようにします。課題を解決するための方法については,選び方では,食品等に付けられた日付などの簡単な表示やマークや,広告などの購入に必要な情報を調べたり,店の人から話を聞いたりするなど,情報を収集・整理して,値段や分量,品質など多様な観点から比較し検討できるようにします。また,買い方では,計画的に購入するために家庭で工夫していることを調べ,発表し合う活動などを通して,購入の時期や場所などについて検討できるようにします。いずれの場合にも,既習事項や自分の生活経験と関連付けて考え,適切な解決方法を選び,実践に向けて具体的に計画を立てることができるようにします。

実践の振り返りについては,本当に必要かどうか,購入後に活用できたかどうか,適切に扱っているかどうか,環境に与える影響はどうかなどを考え,その結果を次の買物に生かすことができるようにします。また,実践発表会などを通して,どのように改善したらよいかを考えることができるようにします。

よくわかる解説

　アの2つの指導事項で身に付けた知識・技能を活用して,児童にとって身近な消費生活に関わる問題の解決を目指します。課題を設定する際には,食品や文房具など,児童が日常的に"消費"している物を扱い,どのように選んでいるのか考えさせましょう。物を選ぶにあたって,情報の活用は不可欠です。表示やマーク,広告など必要な情報から意味を読み取り,多様な観点で比較・検討します。
　買い方の工夫については,家族など,生活経験の豊かな大人へインタビューするなど,地域に根差した生きた情報収集も有効です。

指導にあたっては

身近な物を実際に購入する場面を想定し，日常生活で実践できるよう配慮する。
　例えば，「A家族・家庭生活」の(3)「家族や地域の人々との関わり」での団らんや会食のための買物や，「B衣食住の生活」の(2)及び(5)における調理や製作の実習材料や，(6)の整理・整頓の学習での持ち物の見直しなどを取り上げ，計画を立てて購入の仕方を工夫する活動などが考えられる。また，遠足・集団宿泊的行事などの学校行事と関連を図って展開する学習も考えられる。

考えられる実践

㋐を活用　生活に必要なものの買い方

課題設定
① 買う必要があるものを決める。
　※文房具や実習で使用する物など，児童にとって身近な物を選ぶようにする。

　課題：新しい筆箱を購入するための計画を立てる。

計画
① 予想を発表する。
　・長く使えるか，予算を決める　など
② 買い物の手順を考え，手順表をつくる。
　1)計画を立てる→2)品物を選ぶ→3)買う・支払う→4)使う→5)振り返る
③ 手順に沿って，購入しようとする物の品質や価格などの情報を集める。

実践
① 集めた情報を活用し，目的に合った物を買う。

評価・改善
① 自分の買い物をふり返り，手順通りにしていたか，振り返る。
　・これまでの買い物経験と計画的な買い物の違いを意識させる。
② 今後の実習や製作の材料を買うときなどに活用できるようにノートに書いたり，手順表を家庭科室に掲示したりする。

C ②　環境に配慮した生活

○ キーワード

㋐ ❶自分の生活と身近な環境との関わりや❷環境に配慮した物の使い方などについて理解すること。

》 影響
》 再利用
》 環境負荷
》 活用

C ② ㋐　学習指導要領をハヤヨミ

❶ 自分の生活と身近な環境との関わり
　自分の生活を見直すことを通して，多くの物を使っていることや，自分の生活が身近な環境から影響を受けたり，逆に影響を与えたりしていることを理解できるようにします。

❷ 環境に配慮した物の使い方
　環境にできるだけ負荷を掛けないように，物を長く大切に活用したり，無駄なく使い切ったり，使い終わった物を他の用途に再利用したりすることが必要であることを理解できるようにします。

自分の生活と環境との関わりについては，どんなふうに具体的に考えさせていったらいいでしょうか？

よくわかる解説

　イの問題解決型の学習に必要な知識として，自分の生活と環境との関係について，相互に影響し合っていることを理解させます。加えて，環境に配慮した生活の方法として，どのように物を使う必要があるのか，具体的に考えさせます。３Ｒもそうした方法といえますが，まずは物の"寿命"を延ばすこと。学校で，「忘れ物や落とし物の持ち主が現れない」などの具体例を挙げ，自分の問題として受け止めさせることがポイントです。時間的な継続や空間的な拡がりの中で，そうした現象が起きたらどうなるのかイメージさせ，どうすればよいか考えさせましょう。

指導にあたっては

「B衣食住の生活」の内容との関連を図り,調理の材料や製作で使用する布などの具体的な物を対象として,実践的な学習が展開できるよう配慮する。例えば,実習材料の無駄のない使い方について,各自の工夫を発表し合い,効果的な方法に気付くことができるようにする活動などが考えられる。また,調理実習における材料や水,電気,ガスなどの使い方を振り返り,資源やエネルギーなどを視点として改善できることについてグループで話し合う活動なども考えられる。

この学習では,総合的な学習の時間における環境に関する現代的な諸課題を取り上げている場合,それとの関連を図るよう配慮する。

C 消費生活・環境

考えられる実践

活動・題材例 1

●物を生かす工夫をしよう

ごみの始末や不用品の活用の仕方を工夫し,環境を考えた生活の仕方を工夫する。
① 整理・整とんで出た不用品について話し合う。
② 不用品を減らすためにどうしたらよいかを考える。
③ ごみの出し方を調べる。
④ わかったことを,ワークシートにまとめる。
⑤ 家の不用品を活用する方法を考え,家での実践計画を立てる。

活動・題材例 2

●エコクッキング「ゆで野菜のサラダ」

調理計画の段階で,環境に配慮した水やガス・材料の使い方の視点を取り入れることを意識させる。例えば,野菜を洗う時,水はどのくらいの量で出すのか,ため水にするのかなど,細かいところへの配慮を行う。点数表に記入していくことにより,実習全体でのチェックができる。実習後の反省会で,グループごとに気を付けた点や工夫した点を発表させる。

ガスこんろを使う時は炎が横からはみ出ないようにし,エネルギーのむだ使いをふせぐ。

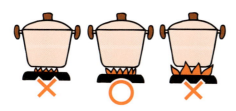

野菜を洗う時はためた水で洗う。どろや汚れを落としたときは,水をかえて洗う。

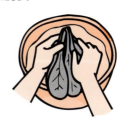

113

C ２ 環境に配慮した生活

イ
❶環境に配慮した生活について物の使い方などを考え，工夫すること。

キーワード
- 課題の設定・解決
- 持続可能な社会の構築
- 生活の見直し
- グループ活動

C ２ イ 学習指導要領をハヤヨミ

ここでは，環境に配慮した生活についての課題を解決するために，アで身に付けた基礎的・基本的な知識を活用し，持続可能な社会の構築などの視点から，自分の生活と身近な環境との関わり及び物の使い方などを考え，工夫することができるようにします。

❶環境に配慮した生活

自分の生活を見直すことを通して，物の使い方などについて問題を見いだし，課題を設定するようにします。課題を解決するための方法については，自分の生活を見直し，物の使い方などの工夫について考えたことをグループで話し合うなどの活動を通して，環境に配慮した生活のための工夫について検討できるようにします。その際，既習事項や自分の生活経験と関連付けて考え，適切な解決方法を選び，実践に向けて具体的に計画を立てることができるようにします。

実践の振り返りについては，自分の活動について計画どおりに実践できたことやできなかったこと，活動の中で考えたことなどを評価し，実践発表会などを通して，どのように改善したらよいかを考えることができるようにします。

よくわかる解説

アの知識を活用して取り組む問題解決型の学習は，自分の生活を見直すことから始まります。自分の生活の，どこにどのような問題があるのかの気付きを促し，どうすれば環境に配慮した生活を実現させることができるのか検討します。一人では気付き難いことは，グループ活動を通して他者と交流する中で多角的に意見を出し合い，適切な解決方法を選び，実践します。

設定した課題の解決に向けて具体的な計画を立案させる際には，実現の可能性や無理なく継続的に実践できるかどうかなど，画餅に終わらせないようなアドバイスも有効です。長期の休みなどを利用して実践したのち，しっかり振り返りの時間をもちましょう。

指導にあたっては

　解決方法を考え，計画を立てたり，実践したことを評価・改善したりする際，グループや学級内で交流するなどの活動を工夫し，児童が考えを広げたり深めたりできるよう配慮する。また，環境への配慮については，家庭によって考えや取り組み方，実践している程度などが異なることから，児童一人一人の生活経験を生かすようにするとともに，自分の生活との結びつきに気付くように具体的な課題を設定するようにする。例えば，B(2)「調理の基礎」と関連を図り，材料や水，ガスなどの使い方や，ごみを減らす工夫を考えて継続的に取り組むなど，家庭での実践に生かすために工夫する活動などが考えられる。B(6)のア(イ)「整理・整頓及び清掃の仕方」との関連を図り，使い終わった物を他の用途に再利用するなど，不用品を減らすために工夫する活動なども考えられる。また，リサイクル活動等の環境に配慮した地域の取組を調べ，協力する活動なども考えられる。

　さらに，学校での学習を家庭や地域での実践として展開できるようにするために，児童の家庭の状況に十分配慮し，家庭や地域との連携を図るようにする。

C

消費生活・環境

考えられる実践

⑦ を活用 環境に配慮した家庭の仕事の実践

課題設定
①自分の生活を見直し，これまでの学習から，環境に配慮した生活のために改善できることを考える。

　課題：環境に配慮した水の使い方を実践する。

計　画
①家庭のどんなところで多く水を使っているか，水に関してどのような省エネができるか調べる。
②自分にできることを考える。
③実践する計画を立てる。
④それぞれの計画を発表する。
　※他の人の計画の工夫を聞き，自分の実践の参考にさせる。

実　践
①汚れをふき取ってから食器を洗ったり，使用量のめやすに従って，うすめた洗剤液をつくったり，環境に配慮した食器洗いをする。

評価・改善
①自分の実践について発表する。
②発表を聞き合って，感じたこと，わかったこと，自分の生活に取り入れたいことなどを簡単にまとめる。

授業展開例

本時の目標
- 買物のしくみについて，日常の消費生活における売買契約の基礎的な知識を身に付ける。
- 買物のしくみを理解し，日頃の買物場面から消費者としての自覚をもった購買行動を考える。

主な学習活動	指導上の留意点
① 前時の学習で学んだことを振り返る。 予想される反応例 ・「欲しいから」というだけですぐに買わずに，家族とも相談して考える。 ・お店に行く前に，チラシやインターネットでも調べるとよい。 ・商品からいろいろな情報を集めて自分に合うものを選ぶ。	● 商品を購入する前に考えることとして，児童の発言を基に以下の点を確認する。 ・「目的」「予算」「必要性」を踏まえて計画を立て，よく考えて購入する。 ・買物をするときは，家族と相談する。 ・様々な方法を使って，商品の良さを客観的に判断できる情報を集める。
② 本時のめあてを確認する。 　　お店での買物の仕方を見直してみよう	
③ 商品を受け取るまでの間に，お店の人とどのようなやり取りを行っているかをペアで考え，発表する。 	● 児童の前に商品とレジを模したものを準備し，児童に演じさせる。また，その様子をビデオで撮影しておく。 ● 児童のやり取りの様子から，「売り手」と「買い手」の間で「商品」と「金銭」と「レシート(領収書)」がやり取りされることを確認する。 ● 現金に代わるものとして，電子マネーや金券などの支払い方法があることにも触れる。
④ 「契約」という言葉について，知っていることを発表する。 予想される反応例 ・大切なことを約束すること。 ・大人が大事な買い物をすること。 ・例えば携帯電話を買う時など，お店の人が手続きをしてくれること。	● ここでは，次のように児童に発問する。 教師の発問例 買物に関係する言葉として「契約」という言葉があります。この言葉にはどのような意味があると思いますか。または，どんな場面で使う言葉だと思いますか。

主な学習活動	指導上の留意点

⑤ 身近な例によるクイズから，「契約」と「約束」の違いを考える。

予想される反応例
・友だちと，明日の朝の10時に集まって遊びに行くことを決めた。【約束】
・友達とお菓子屋へ行き，お小遣いで80円のスナックを買った。【契約】
・親とよく相談して，自分用の電子辞書を買ってもらうことにした。【約束】
・親と一緒に電気屋へ行き，お店の人の説明を聞いて，新しい電子辞書を買った。【契約】

● クイズを通して，日常行っている買物のほとんどが「契約」であることを正しく理解させる。特に，契約の意味について以下の点を指導する。
・契約とは，「買い手」と「売り手」の承諾により，金銭と商品を交換することである。
・契約には，金銭を支払う額の大きさに関係がない。
・手元に物が残らなくても，「サービス」に金銭を支払うことも契約である。
● 契約の証拠として「レシート」を必ず受け取ることを確認する。

⑥ ③で撮影したビデオを全員で見て，どの場面で「売買契約」をしているのか考える。

● 普段の何気ない購買行動が「売買契約」であることに気付けるようにする。
● 商品は消費者の手元にわたるまではお店の財産であり，大切に取り扱うことと，商品を受け取った後は，消費者の一方的な理由で返品ができないことを指導する。

> **評 価 の 例**
>
> ○ 買物のしくみについて，日常の消費生活における売買契約の基礎的な知識を身に付けることができる。

> **評 価 の 例**
>
> ○ 買物のしくみを理解し，日頃の買物場面から消費者としての自覚をもった購買行動を考えることができる。

⑦ これからの生活で，「売買契約」をする時に大切にしたいことや，注意したいことを考え，自分の言葉でまとめる。

✱ 実践に当たっては，児童に例示する場面が法的に正しいことをよく確認の上指導する。また，小学校では現金による店頭での売買を扱い，日常の買物場面に近い簡潔な例を示す。

✱ 未成年である児童も，大人と同様に「売買契約」をしている点に気付かせ，消費者として金銭を支払うことへの責任感を育てる。また，店の商品は金銭と同等に大切に扱われていることも確認し，児童が日頃の買物場面での商品の見方や扱い方を振り返られるようにする。

C

消費生活・環境

授業展開例

本時の目標
● 集めた情報を整理して活用し，目的に合った物の選び方や買い方を考え，工夫することができる。

主な学習活動	指導上の留意点
① 家庭実践での「野菜いため」について，集めた情報の中から，加工食品の選び方の観点を発表する。 予想される例 ● 目的，値段，内容量，品質 ● 原材料名，賞味期限，食品添加物 ● 保存方法，マーク等 ● アレルギー物質が入っているかどうか	● ソーセージ購入を通して見出した，自分の課題を解決するために，物の選び方や買い方について，より生活と結び付けて学習できるようにする。 ○ 家族の人数分の野菜いため ○ 野菜いために合う加工食品 ○ 現金で店頭での買い物 ○ 予算は家庭で相談
② 計画的に購入するために，家庭で工夫していることや大切にしていることをみんなで話し合う。 予想される例 ● 予算，いつ，場所（どこで） ● 無駄がないように買う ● 買い物メモ，レシートの保存	
③ 発表を参考にグループで話し合ったり，自分が集めたものを見直したりして，情報を整理する。  予想される加工食品 ソーセージ，ハム ベーコン，ちくわ かまぼこ等	● 同じ種類の加工食品を購入する子ども同士でグループを構成し，情報を整理しやすくする。 **評価の例** ○ 物の選び方や買い方について，意欲的に情報を集め，整理することができる。
④ 目的に合った品質のよい物を選ぶために，加工食品をいろいろな観点から比較し検討する。また，購入する場所や時期などについても検討する。	● 自分なりにこだわりをもって，材料の選び方や買い方を考える意思決定場面を大切にすることで，実生活につなげていけるようにする。

主な学習活動	指導上の留意点
❺ 自分が購入しようと決めた加工食品やその理由について，自分の考えをグループの中で発表する。 ❻ 家庭の実践計画を立てる。 使う材料について，家にある食材や広告等の情報を活用し，どこで購入するか考えたり，予算内におさまっているのか，電卓で計算したりしてワークシートにまとめる。	● 購入計画を立てた後，自分の購入計画についてグループで発表し，家庭実践でのよりよい材料の選び方や買い方についてお互いの計画を見直すよう伝える。 **評 価 の 例** ○ 目的に合った加工食品の選び方や買い方を考えて工夫し，購入計画を立てることができる。

C 消費生活・環境

* 前時では，「オリジナル野菜いため」の食材であるソーセージの購入を振り返り，目的に合った物の選び方や買い方を理解し，情報を収集する方法を考えた。本時では，実際に集めた情報を整理して活用し，家庭実践に向けて加工食品の選び方・買い方を考え，工夫する学習である。

* 実践に当たっては，家庭との連携が大切になってくるので，事前に学習内容を伝えることが望ましい。また，実践発表会を通して，調理だけでなく買い物についても，どのように改善したらよいのかを考えることができるようにする。

* 購入における意思決定のプロセスを位置付けることにより，消費者としての観点から，思考力・判断力・表現力等を育てることができると考えた。特に，「比較・検討」の場面で実践につながる多様な考えをグループで話し合い，一人ひとりの子どもが意思決定の根拠を明確にしながら発表する場面を取り入れた。

＜計画＞	＜選び方・買い方の理解＞	＜情報収集＞	＜比較・検討＞	＜購入＞
・買いたいものを決める。 ・買いたい理由を挙げる。	**選び方** 目的 値段 分量 品質 値段 消費期限 賞味期限 マーク等 環境に配慮されているか **買い方** 予算 購入の時期 場所 無駄のない購入 買い物メモ	情報を収集・整理する ・選び方の根拠がはっきりとするようにいろいろな情報を集め，整理する。 　パンフレット 広告 　家族や店の人に聞く 　実物を見る 試してみる	情報を活用して多面的に考え 品物を選ぶ ・必要な情報を活用して話し合い，購入の決め手について自分の考えを説明する。 ・具体的な計画を立てる。	・実際に購入する。 ＜調理＞ ・実際に調理する。 ＜振り返り＞ 使う・振り返る ・次の購入に生かす。

2年間の学習のまとめの授業展開例

本時の目標
● 2年間の学習活動を振り返り,自分の成長を自覚し,よりよい生活の仕方を継続しようとすることができる。

主な学習活動	指導上の留意点
① 第5学年の最初のガイダンスで学習した内容を確認し,家庭科の学習を始める前の様子を思い出す。	● 学習を始める前の様子を思い出せるよう,言葉かけをする。
② ワークシートの内容にそって,できるようになったことを確認する。 ● 書き出したことを,グループや全体の場で発表する。 ● 実践していることをワークシートに記入し,さらに,付箋に書いて拡大図に貼っていく。 ● お互いの実践をもとに話し合う。 ● 内容・場面をもとに話し合う。 ● 内容・場面にこだわらず,「もっと知りたいこと」「身に付けたいこと」などを自由に発表する。	● できるようになったことを,内容別に書き出せるようなワークシートを用意する。 ● 実践していることを,内容別で提示できるようにし,お互いに見合うことによって,さらに実践がすすめられるようにしていく。 <内容> ・衣生活 ・食生活 ・住生活 ・家族のこと ・消費生活や環境のこと ・その他 ※できるようになったことは白紙に,できるようになり家庭で実践していることは色紙の短冊に記入して貼る。 **評価の例** ○ 2年間の家庭科学習をこれからの生活に生かそうとしている(主体的に学習に取り組む態度)。
③ さらにこれから学びたいことを,目標としてワークシートに記入する。	● 中学校での学習(「技術・家庭科」)について簡単に紹介し,関心を高める。

資料

第3部
The third

小学校家庭科，中学校技術・家庭科「家庭分野」の内容

小学校

生活の営みに係る見方・考え方を働かせ，衣食住などに関する実践的・体験 的な活動を通して，生活をよりよくしようと工夫する資質・能力を次のとおり育成することを目指す。

(1) 家族や家庭，衣食住，消費や環境などについて，日常生活に必要な基礎的な理解を図るとともに，それらに係る技能を身に付けるようにする。

(2) 日常生活の中から問題を見いだして課題を設定し，様々な解決方法を考え，実践を評価・改善し，考えたことを表現するなど，課題を解決する力を養う。

(3) 家庭生活を大切にする心情を育み，家族や地域の人々との関わりを考え，家族の一員として，生活をよりよくしようと工夫する実践的な態度を養う。

A 家族・家庭生活

1 自分の成長と家族・家庭生活
- ㋐自分の成長の自覚，家庭生活と家族の大切さ，家族との協力

2 家庭生活と仕事
- ㋐家庭の仕事と生活時間
- ㋑家庭の仕事の計画と工夫

3 家族や地域の人々との関わり
- ㋐(ア) 家族との触れ合いや団らん
- (イ) 地域の人々との関わり
- ㋑家族や地域の人々との関わりの工夫

4 家族・家庭生活についての課題と実践
- ㋐日常生活についての課題と計画，実践，評価

B 衣食住の生活

1 食事の役割
- ㋐食事の役割と食事の大切さ，日常の食事の仕方
- ㋑楽しく食べるための食事の仕方の工夫

中学校（家庭分野）

家庭分野の目標）生活の営みに係る見方・考え方を働かせ，衣食住などに関する実践的・体験的な活動を通して，よりよい生活の実現に向けて，生活を工夫し創造する資質・能力を次のとおり育成することを目指す。

(1) 家族・家庭の機能について理解を深め，家族・家庭，衣食住，消費や環境などについて，生活の自立に必要な基礎的な理解を図るとともに，それらに係る技能を身に付けるようにする。

(2) 家族・家庭や地域における生活の中から問題を見いだして課題を設定し，解決策を構想し，実践を評価・改善し，考察したことを論理的に表現するなど，これからの生活を展望して課題を解決する力を養う。

(3) 自分と家族，家庭生活と地域との関わりを考え，家族や地域の人々と協働し，よりよい生活の実現に向けて，生活を工夫し創造しようとする実践的な態度を養う。

A 家族・家庭生活

1 自分の成長と家族・家庭生活
- ㋐自分の成長と家庭生活との関わり，家族・家庭の基本的な機能，家族や地域の人々との協力・協働

2 幼児の生活と家族
- ㋐(ア) 幼児の発達と生活の特徴，家族の役割
- (イ) 幼児の遊びの意義，幼児との関わり方
- ㋑幼児との関わり方の工夫

3 家族・家庭や地域との関わり
- ㋐(ア) 家族の協力と家族関係
- (イ) 家庭生活と地域との関わり，高齢者との関わり方
- ㋑家庭生活をよりよくする方法及び地域の人々と協働する方法の工夫

4 家族・家庭生活についての課題と実践
- ㋐家族，幼児の生活又は地域の生活についての課題と計画，実践，評価

B 衣食住の生活

1 食事の役割と中学生の栄養の特徴
- ㋐(ア) 食事が果たす役割
- (イ) 中学生の栄養の特徴，健康によい食習慣
- ㋑健康によい食習慣の工夫

2 中学生に必要な栄養を満たす食事
- ㋐(ア) 栄養素の種類と働き，食品の栄養的特質
- (イ) 中学生の1日に必要な食品の種類と概量，献立作成
- ㋑中学生の1日分の献立の工夫

小学校

2 調理の基礎
- **ア** (ア) 材料の分量や手順, 調理計画
  - (イ) 調理器具や食器の安全で衛生的な取扱い, 加熱用調理器具の安全な取扱い
  - (ウ) 材料に応じた洗い方, 調理に適した切り方, 味の付け方, 盛り付け, 配膳, 後片付け
  - (エ) 材料に適したゆで方, いため方
  - (オ) 伝統的な日常食の米飯及びみそ汁の調理の仕方
- **イ** おいしく食べるための調理計画及び調理の工夫

3 栄養を考えた食事
- **ア** (ア) 体に必要な栄養素の種類と働き
  - (イ) 食品の栄養的な特徴と組合せ
  - (ウ) 献立を構成する要素, 献立作成
- **イ** 1食分の献立の工夫

4 衣服の着用と手入れ
- **ア** (ア) 衣服の主な働き, 日常着の快適な着方
  - (イ) 日常着の手入れ, ボタン付け及び洗濯の仕方
- **イ** 日常着の快適な着方や手入れの工夫

5 生活を豊かにするための布を用いた製作
- **ア** (ア) 製作に必要な材料や手順, 製作計画
  - (イ) 手縫いやミシン縫いによる縫い方, 用具の安全な取扱い
- **イ** 生活を豊かにするための布を用いた物の製作計画及び製作の工夫

6 快適な住まい方
- **ア** (ア) 住まいの主な働き, 季節の変化に合わせた生活の大切さや住まい方
  - (イ) 住まいの整理・整頓や清掃の仕方
- **イ** 季節の変化に合わせた住まい方, 整理・整頓や清掃の仕方の工夫

C 消費生活・環境

1 物や金銭の使い方と買物
- **ア** (ア) 買物の仕組みや消費者の役割, 物や金銭の大切さ, 計画的な使い方
  - (イ) 身近な物の選び方, 買い方, 情報の収集・整理
- **イ** 身近な物の選び方, 買い方の工夫

2 環境に配慮した生活
- **ア** 身近な環境との関わり, 物の使い方
- **イ** 環境に配慮した物の使い方の工夫

中学校（家庭分野）

3 日常食の調理と地域の食文化
- **ア** (ア) 用途に応じた食品の選択
  - (イ) 食品や調理用具等の安全・衛生に留意した管理
  - (ウ) 材料に適した加熱調理の仕方, 基礎的な日常食の調理
  - (エ) 地域の食文化, 地域の食材を用いた和食の調理
- **イ** 日常の1食分の調理及び食品の選択や調理の仕方, 調理計画の工夫

4 衣服の選択と手入れ
- **ア** (ア) 衣服と社会生活との関わり, 目的に応じた着用や個性を生かす着用, 衣服の選択
  - (イ) 衣服の計画的な活用, 衣服の材料や状態に応じた日常着の手入れ
- **イ** 日常着の選択や手入れの工夫

5 生活を豊かにするための布を用いた製作
- **ア** 製作する物に適した材料や縫い方, 用具の安全な取扱い
- **イ** 生活を豊かにするための資源や環境に配慮した布を用いた物の製作計画及び製作の工夫

6 住居の機能と安全な住まい方
- **ア** (ア) 家族の生活と住空間との関わり, 住居の基本的な機能
  - (イ) 家族の安全を考えた住空間の整え方
- **イ** 家族の安全を考えた住空間の整え方の工夫

7 衣食住の生活についての課題と実践
- **ア** 食生活, 衣生活, 住生活についての課題と計画, 実践, 評価

C 消費生活・環境

1 金銭の管理と購入
- **ア** (ア) 購入方法や支払い方法の特徴, 計画的な金銭管理
  - (イ) 売買契約の仕組み, 消費者被害, 選択に必要な情報の収集・整理
- **イ** 情報を活用した物資・サービスの購入の工夫

2 消費者の権利と責任
- **ア** 消費者の基本的な権利と責任, 消費生活が環境や社会に及ぼす影響
- **イ** 自立した消費者としての消費行動の工夫

3 消費生活・環境についての課題と実践
- **ア** 環境に配慮した消費生活についての課題と計画, 実践, 評価

特別の教科 道徳の学習指導要領

目標

第1章総則の第1の2の(2)に示す道徳教育の目標に基づき，よりよく生きるための基盤となる道徳性を養うため，道徳的諸価値についての理解を基に，自己を見つめ，物事を多面的・多角的に考え，自己の生き方についての考えを深める学習を通して，道徳的な判断力，心情，実践意欲と態度を育てる。

A 主として自分自身に関すること

善悪の判断, 自律, 自由と責任
〔第1学年及び第2学年〕
よいことと悪いこととの区別をし，よいと思うことを進んで行うこと。
〔第3学年及び第4学年〕
正しいと判断したことは，自信をもって行うこと。
〔第5学年及び第6学年〕
自由を大切にし，自律的に判断し，責任のある行動をすること。

正直, 誠実
〔第1学年及び第2学年〕
うそをついたりごまかしをしたりしないで，素直に伸び伸びと生活すること。
〔第3学年及び第4学年〕
過ちは素直に改め，正直に明るい心で生活すること。
〔第5学年及び第6学年〕
誠実に，明るい心で生活すること。

節度, 節制
〔第1学年及び第2学年〕
健康や安全に気を付け，物や金銭を大切にし，身の回りを整え，わがままをしないで，規則正しい生活をすること。
〔第3学年及び第4学年〕
自分でできることは自分でやり，安全に気を付け，よく考えて行動し，節度のある生活をすること。
〔第5学年及び第6学年〕
安全に気を付けることや，生活習慣の大切さについて理解し，自分の生活を見直し，節度を守り節制に心掛けること。

個性の伸長
〔第1学年及び第2学年〕
自分の特徴に気付くこと。
〔第3学年及び第4学年〕
自分の特徴に気付き，長所を伸ばすこと。
〔第5学年及び第6学年〕
自分の特徴を知って，短所を改め長所を伸ばすこと。

希望と勇気, 努力と強い意志
〔第1学年及び第2学年〕
自分のやるべき勉強や仕事をしっかりと行うこと。
〔第3学年及び第4学年〕
自分でやろうと決めた目標に向かって，強い意志をもち，粘り強くやり抜くこと。
〔第5学年及び第6学年〕
より高い目標を立て，希望と勇気をもち，困難があってもくじけずに努力して物事をやり抜くこと。

真理の探究
〔第5学年及び第6学年〕
真理を大切にし，物事を探究しようとする心をもつこと。

B 主として人との関わりに関すること

親切, 思いやり
〔第1学年及び第2学年〕
身近にいる人に温かい心で接し，親切にすること。
〔第3学年及び第4学年〕
相手のことを思いやり，進んで親切にすること。
〔第5学年及び第6学年〕
誰に対しても思いやりの心をもち，相手の立場に立って親切にすること。

感謝
〔第1学年及び第2学年〕
家族など日頃世話になっている人々に感謝すること。
〔第3学年及び第4学年〕
家族など生活を支えてくれている人々や現在の生活を築いてくれた高齢者に，尊敬と感謝の気持ちをもって接すること。
〔第5学年及び第6学年〕
日々の生活が家族や過去からの多くの人々の支え合いや助け合いで成り立っていることに感謝し，それに応えること。

礼儀
〔第1学年及び第2学年〕
気持ちのよい挨拶，言葉遣い，動作などに心掛けて，明るく接すること。
〔第3学年及び第4学年〕
礼儀の大切さを知り，誰に対しても真心をもって接すること。
〔第5学年及び第6学年〕
時と場をわきまえて，礼儀正しく真心をもって接すること。

友情, 信頼
〔第1学年及び第2学年〕
友達と仲よくし，助け合うこと。
〔第3学年及び第4学年〕
友達と互いに理解し，信頼し，助け合うこと。
〔第5学年及び第6学年〕
友達と互いに信頼し，学び合って友情を深め，異性についても理解しながら，人間関係を築いていくこと。

相互理解, 寛容
〔第3学年及び第4学年〕
自分の考えや意見を相手に伝えるとともに，相手のことを理解し，自分と異なる意見も大切にすること。
〔第5学年及び第6学年〕
自分の考えや意見を相手に伝えるとともに，謙虚な心をもち，広い心で自分と異なる意見や立場を尊重すること。

C 主として集団や社会との関わりに関すること

規則の尊重
〔第1学年及び第2学年〕
約束やきまりを守り，みんなが使う物を大切にすること。
〔第3学年及び第4学年〕
約束や社会のきまりの意義を理解し，それらを守ること。
〔第5学年及び第6学年〕
法やきまりの意義を理解した上で進んでそれらを守り，自他の権利を大切にし，義務を果たすこと。

公正, 公平, 社会正義
〔第1学年及び第2学年〕
自分の好き嫌いにとらわれないで接すること。
〔第3学年及び第4学年〕
誰に対しても分け隔てをせず，公正，公平な態度で接すること。
〔第5学年及び第6学年〕
誰に対しても差別をすることや偏見をもつことなく，公正，公平な態度で接し，正義の実現に努めること。

勤労, 公共の精神
〔第1学年及び第2学年〕
働くことのよさを知り，みんなのために働くこと。
〔第3学年及び第4学年〕
働くことの大切さを知り，進んでみんなのために働くこと。
〔第5学年及び第6学年〕
働くことや社会に奉仕することの充実感を味わうとともに，その意義を理解し，公共のために役に立つことをすること。

家族愛, 家庭生活の充実
〔第1学年及び第2学年〕
父母，祖父母を敬愛し，進んで家の手伝いなどをして，家族の役に立つこと。
〔第3学年及び第4学年〕
父母，祖父母を敬愛し，家族みんなで協力し合って楽しい家庭をつくること。
〔第5学年及び第6学年〕
父母，祖父母を敬愛し，家族の幸せを求めて，進んで役に立つことをすること。

よりよい学校生活, 集団生活の充実
〔第1学年及び第2学年〕
先生を敬愛し，学校の人々に親しんで，学級や学校の生活を楽しくすること。
〔第3学年及び第4学年〕
先生や学校の人々を敬愛し，みんなで協力し合って楽しい学級や学校をつくること。
〔第5学年及び第6学年〕
先生や学校の人々を敬愛し，みんなで協力し合ってよりよい学級や学校をつくるとともに，様々な集団の中での自分の役割を自覚して集団生活の充実に努めること。

伝統と文化の尊重, 国や郷土を愛する態度
〔第1学年及び第2学年〕
我が国や郷土の文化と生活に親しみ，愛着をもつこと。
〔第3学年及び第4学年〕
我が国や郷土の伝統と文化を大切にし，国や郷土を愛する心をもつこと。
〔第5学年及び第6学年〕
我が国や郷土の伝統と文化を大切にし，先人の努力を知り，国や郷土を愛する心をもつこと。

国際理解, 国際親善
〔第1学年及び第2学年〕
他国の人々や文化に親しむこと。
〔第3学年及び第4学年〕
他国の人々や文化に親しみ，関心をもつこと。
〔第5学年及び第6学年〕
他国の人々や文化について理解し，日本人としての自覚をもって国際親善に努めること。

D 主として生命や自然, 崇高なものとの関わりに関すること

生命の尊さ
〔第1学年及び第2学年〕
生きることのすばらしさを知り，生命を大切にすること。
〔第3学年及び第4学年〕
生命の尊さを知り，生命あるものを大切にすること。
〔第5学年及び第6学年〕
生命が多くの生命のつながりの中にあるかけがえのないものであることを理解し，生命を尊重すること。

自然愛護
〔第1学年及び第2学年〕
身近な自然に親しみ，動植物に優しい心で接すること。
〔第3学年及び第4学年〕
自然のすばらしさや不思議さを感じ取り，自然や動植物を大切にすること。
〔第5学年及び第6学年〕
自然の偉大さを知り，自然環境を大切にすること。

感動, 畏敬の念
〔第1学年及び第2学年〕
美しいものに触れ，すがすがしい心をもつこと。
〔第3学年及び第4学年〕
美しいものや気高いものに感動する心をもつこと。
〔第5学年及び第6学年〕
美しいものや気高いものに感動する心や人間の力を超えたものに対する畏敬の念をもつこと。

よりよく生きる喜び
〔第5学年及び第6学年〕
よりよく生きようとする人間の強さや気高さを理解し，人間として生きる喜びを感じること。

他教科との関連

■小学校家庭科に関わる他教科の学習内容

教科等	学年	項目	項目内容
算数	2	測定	●長さの単位(ミリメートル(mm),センチメートル(cm),メートル(m))及びかさの単位(ミリリットル(mL),デシリットル(dL),リットル(L))について知り,測定の意味を理解すること
	3	測定	●長さの単位(キロメートル(km))及び重さの単位(グラム(g),キログラム(kg))について知り,測定の意味を理解すること。
			●長さや重さについて,適切な単位で表したり,およその見当を付け計器を適切に選んで測定したりすること。
	3	算数的活動	●身の回りの事象を観察したり,具体物を操作したりして,数量や図形に進んで関わる活動。
			●日常の事象から見いだした算数の問題を,具体物,図,数,式などを用いて解決し,結果を確かめる活動。
			●問題解決の過程や結果を,具体物,図,数,式などを用いて表現し伝え合う活動。
	4	数と計算	●小数の加法及び減法の計算ができること。
			●同分母の分数の加法及び減法の計算ができること。
社会	3	地域に見られる生産や販売の仕事	●生産の仕事は,地域の人々の生活と密接な関わりをもって行われていることを理解すること。
			●販売の仕事は消費者の多様な願いを踏まえ売り上げを高めるよう工夫して行われていることを理解すること。
			●見学・調査したり地図などの資料で調べたりして,白地図などにまとめること。
	3	市の様子の移り変わり	●市や人々の生活の様子は,時間の経過に伴い,移り変わってきたことを理解すること。
			●聞き取り調査をしたり地図などの資料で調べたりして,年表などにまとめること。
	4	人々の健康や生活環境を支える事業	●飲料水,電気,ガスを供給する事業は,安全で安定的に供給できるよう進められていることや,地域の人々の健康な生活の維持と向上に役立っていることを理解すること。
			●廃棄物を処理する事業は,衛生的な処理や資源の有効利用ができるよう進められていることや,生活環境の維持と向上に役立っていることを理解すること。
			●見学・調査したり地図などの資料で調べたりして,まとめること。
	5	我が国の農業や水産業における食料生産	●我が国の食料生産は,自然条件を生かして営まれていることや,国民の食料を確保する重要な役割を果たしていることを理解すること。
			●食料生産に関わる人々は,生産性や品質を高めるよう努力したり輸送方法や販売方法を工夫したりして,良質な食料を消費地に届けるなど,食料生産を支えていることを理解すること。
理科	3	光と音の性質	●日光は直進し,集めたり反射させたりできること。
			●物に日光を当てると,物の明るさや暖かさが変わること。
			●物から音が出たり伝わったりするとき,物は震えていること。また,音の大きさが変わるとき物の震え方が変わること。
		太陽と地面の様子	●日陰は太陽の光を遮るとでき,日陰の位置は太陽の位置の変化によって変わること。
			●地面は太陽によって暖められ,日なたと日陰では地面の暖かさや湿り気に違いがあること。
	4	金属,水,空気と温度	●金属,水及び空気は,温めたり冷やしたりすると,それらの体積が変わるが,その程度には違いがあること。
	5	植物の発芽,成長,結実	●植物は,種子の中の養分を基にして発芽すること。 ・「種子の中の養分」については,でんぷんを扱うこと。
	6	燃焼の仕組み	●植物体が燃えるときには,空気中の酸素が使われて二酸化炭素ができること。
		水溶液の性質	●水溶液には,酸性,アルカリ性及び中性のものがあること。
			●水溶液には,気体が溶けているものがあること。
			●水溶液には,金属を変化させるものがあること。
		人の体のつくりと働き	●食べ物は,口,胃,腸などを通る間に消化,吸収され,吸収されなかった物は排出されること。

教科等	学年	項目	項目内容
生活科	1・2	内容	●学校生活に関わる活動を通して，学校の施設の様子や学校生活を支えている人々や友達，通学路の様子やその安全を守っている人々などについて考えることができ，学校での生活は様々な人や施設と関わっていることが分かり，楽しく安心して遊びや生活をしたり，安全な登下校をしたりしようとする。
			●家庭生活に関わる活動を通して，家庭における家族のことや自分でできることなどについて考えることができ，家庭での生活は互いに支え合っていることが分かり，自分の役割を積極的に果たしたり，規則正しく健康に気を付けて生活したりしようとする。
			●自分たちの生活や地域の出来事を身近な人々と伝え合う活動を通して，相手のことを想像したり伝えたいことや伝え方を選んだりすることができ，身近な人々と関わることのよさや楽しさが分かるとともに，進んで触れ合い交流しようとする。
			●自分自身の生活や成長を振り返る活動を通して，自分のことや支えてくれた人々について考えることができ，自分が大きくなったこと，自分でできるようになったこと，役割が増えたことなどが分かるとともに，これまでの生活や成長を支えてくれた人々に感謝の気持ちをもち，これからの成長への願いをもって，意欲的に生活しようとする。
		内容の取り扱い	●具体的な活動や体験を行うに当たっては，身近な幼児や高齢者，障害のある児童生徒などの多様な人々と触れ合うことができるようにすること。
体育	3・4	健康な生活	●心や体の調子がよいなどの健康の状態は，主体の要因や周囲の環境の要因が関わっていること。
			●毎日を健康に過ごすには，運動，食事，休養及び睡眠の調和のとれた生活を続けること，また，体の清潔を保つことなどが必要であること。
			●毎日を健康に過ごすには，明るさの調節，換気などの生活環境を整えることなどが必要であること。
		体の発育・発達	●体をよりよく発育・発達させるには，適切な運動，食事，休養及び睡眠が必要であること。
	5・6	保健	●生活習慣病など生活行動が主な要因となって起こる病気の予防には，適切な運動，栄養の偏りのない食事をとること，口腔の衛生を保つことなど，望ましい生活習慣を身に付ける必要があること。
			●運動，食事，休養及び睡眠については，食育の観点も踏まえつつ，健康的な生活習慣の形成に結び付くよう配慮するとともに，保健を除く第3学年以上の各領域及び学校給食に関する指導においても関連した指導を行うようにすること。
道徳	1・2	節度，節制	●健康や安全に気を付け，物や金銭を大切にし，身の回りを整え，わがままをしないで，規則正しい生活をすること。
		親切，思いやり	●身近にいる人に温かい心で接し，親切にすること。
		感謝	●家族など日頃世話になっている人々に感謝すること。
		家族愛，家庭生活の充実	●父母，祖父母を敬愛し，進んで家の手伝いなどをして，家族の役に立つこと。
		伝統と文化の尊重	●我が国や郷土の文化と生活に親しみ，愛着をもつこと。
	3・4	家族愛，家庭生活の充実	●父母，祖父母を敬愛し，家族みんなで協力し合って楽しい家庭をつくること。
		伝統と文化の尊重	●身我が国や郷土の伝統と文化を大切にし，国や郷土を愛する心をもつこと。
	5・6	節度，節制	●安全に気を付けることや，生活習慣の大切さについて理解し，自分の生活を見直し，節度を守り節制に心掛けること。
		家族愛，家庭生活の充実	●父母，祖父母を敬愛し，家族の幸せを求めて，進んで役に立つことをすること。
		伝統と文化の尊重	●我が国や郷土の伝統と文化を大切にし，先人の努力を知り，国や郷土を愛する心をもつこと。

編 著

長澤由喜子（岩手大学）　木村美智子（茨城大学）　鈴木真由子（大阪教育大学）

永田晴子（大妻女子大学）　中村恵子（福島大学）

題材例　執筆（50音順）

今川 文子　（東京都中野区立桃花小学校）　築地 晶子　（横浜国立大学教育学部附属横浜小学校）

齋藤麻由子　（東京都杉並区立桃井第四小学校）　中里 真一　（群馬大学教育学部附属小学校）

佐藤 雅子　（千葉県成田市立公津の杜小学校）　橋本 英明　（東京都足立区立伊興小学校）

開隆堂出版 編集部　ほか3名

早わかり&実践
新学習指導要領解説 小学校家庭
理解への近道

2017年10月10日　第1刷発行

編　著　　長澤由喜子／木村美智子／鈴木真由子／永田晴子／中村恵子

発行者　　大熊隆晴

発行所　　開隆堂出版株式会社
　　　　　〒113-8608　東京都文京区向丘1丁目13番1号
　　　　　http://www.kairyudo.co.jp

印刷所　　壮光舎印刷株式会社

発売元　　開隆館出版販売株式会社
　　　　　〒113-8608　東京都文京区向丘1丁目13番1号

電　話　　03-5684-6118

振　替　　00100-5-55345

表紙・本文デザイン／ソフトウェーブ株式会社　本文イラスト／岡林 玲　速水 えり

●定価はカバーに表示してあります　●本書を無断で複製することは著作権法違反となります　●乱丁本,落丁本はお取り換えします

ISBN　978-4-304-02152-7